JN091184

まるごと活用！
一太郎2021
リファレンス編

ジャムハウス編集部［編］

JUST. SYSTEMS

かしこい日本語 ATOK

Jam House

Contents

第1章 ▶ 一太郎2021編   9

ファイル	001	文書をファイルを読み込みたい　ファイルを開く	10
	002	テキストファイルの文字コードを選択して開きたい　文字コードを選択して開く	11
	003	文書をファイルに保存したい　名前を付けて保存	12
	004	文書をWord形式やPDF形式で保存したい　他形式の保存/開く	13
	005	PDFや画像ファイルを文書に変換して開きたい　他形式の保存/開く	14
	006	一太郎で作成した文章を「一太郎Pad」に送って活用したい　NEW 一太郎Pad	15
	007	「一太郎Pad」アプリでメモを作成したい　UP 一太郎Pad	16
	008	「一太郎Pad」アプリで書いたメモを一太郎で活用したい　UP 一太郎Pad	17
	009	テンプレートから新規文書を作成したい　UP テンプレートを開く	18
	010	もしもに備えて文書をバックアップしたい　バックアップ	19
	011	文書に含まれている個人情報などをチェックしたい　ドキュメント検査	20
	012	関連するファイルをシートとして追加したい　シートの追加	21
	013	シートの名前・タブ色を設定したい　シートンの名前・タブ色変更	22
	014	文書スタイルを設定したい　UP 文書スタイル	23
	015	文書にヘッダー・フッターを設定したい　ヘッダー・フッター	24
	016	きまるスタイルを設定したい　UP きまるスタイル	25
	017	文書を印刷したい　印刷	26
	018	文書をさまざまな形式で出力したい　アウトプットナビ	27
編集	019	引用文を貼り付けたい　NEW 引用として貼り付け	28
	020	Webページの文章を引用として貼り付けたい　NEW Webページのデータを引用として貼り付ける	29
	021	文字列の書式を引き継がずに貼り付けたい　形式を選択して貼り付け	30
	022	別のファイルの内容を挿入して1つの文書にまとめたい　ファイルから貼り付け	31
	023	特定の文字や飾りを検索したい　検索	32
	024	特定の文字を別の文字に置き換えたい　置換	33
	025	目的の位置やページに素早くジャンプしたい　ジャンプ	34
	026	読みやすい位置で改行したい　文節改行	35
表示	027	編集画面タイプを切り替えたい　ドラフト編集／イメージ編集／印刷イメージ	36
	028	カーソルがある行をハイライト表示したい　ハイライト表示	37
	029	画面の表示倍率を変更したい　表示倍率	38
	030	文書を全画面や見開きで表示したい　全画面表示／見開き表示	39
	031	作業に応じた画面にしたい　作業フェーズ	40
	032	ツールパレットの表示を切り替えたい　ツールパレットを閉じる・開く／表示・非表示	41
	033	ツールバーに自分のよく使う機能を追加したい　ツールバーのカスタマイズ	42
	034	ジャンプパレットの表示を切り替えたい　ジャンプパレットを閉じる・開く／表示・非表示	43

挿入

035	QRコードを作成して文書に入れたい **NEW** QRコード	44
036	ルールに従って出典を挿入したい **NEW** 出典	45
037	文書を補足する脚注を入れたい **UP** 脚注	46
038	㊞や図などの重ね文字を作成したい 重ね文字	47
039	「1.」「2.」「3.」などの通し番号を入れたい 連番	48
040	ブックマークを登録してページを移動したい ブックマーク	50
041	イラストや写真を挿入したい 絵や写真の挿入	51
042	写真に効果を付けたい 写真フィルター	52
043	画像のデータサイズを小さくしたい 画像のデータサイズを縮小	53
044	複数の写真をきれいにレイアウトして挿入したい 写真をまとめてレイアウト	54
045	POP文字でタイトル文字を作成したい POP文字	56
046	グラフィカルなタイトル文字を作成したい モジグラフィ	57
047	きまるフレームで整った枠を挿入したい きまるフレーム	58
048	長方形や円などの図形を描きたい 簡易作図	60
049	枠の重なり順を変更したい 枠の上下変更	62
050	文書内にスタイルの異なる文章を入れたい レイアウト枠	64

書式

051	文字サイズを変更したい 文字サイズ	65
052	フォントや文字飾りを設定したい フォント・飾り	66
053	文字の上下の位置をそろえたい ベース位置	67
054	個条書きを設定したい **UP** 個条書き	68
055	段落や章の先頭の文字を大きくしたい ドロップキャップ	69
056	文字を均等に割り付けたい 均等割付	70
057	ふりがなを設定したい ふりがな	71
058	まとめてふりがなをふりたい ふりがな	72
059	ふりがなの書式を変更したい ふりがな	74
060	文字を全角または半角に変換したい 全角・半角変換	75
061	縦書き文書で横向いた半角数字を縦向きにしたい 縦中横	76
062	文字を中央や右にそろえたりインデントを設定したりしたい 文字揃え／インデント	77
063	改行幅を設定したい 改行幅／行取り	78
064	段組を設定したい 段組	79
065	段落スタイルを設定してスタイルセットを設定したい **UP** 段落スタイル／スタイルセット	80
066	特定のページだけスタイルを変えたい ページスタイル	82

罫線

067	罫線で直線を引きたい 罫線	83
068	罫線で表を作成したい 罫線	84
069	文字列から罫線表を作成したい 罫線表	85
070	斜線を引きたい 斜線	86
071	括弧を描きたい 括弧	87
072	一覧から選んで表を作成したい 表作成	89
073	罫線で作った表の文字をそろえたい 罫線セル属性	90
074	表の値を計算したい 計算	91

ツール

075	ビジネス文を校正したい **NEW** 文書校正	92
076	「株式会社」の位置をチェックしたい **NEW** 文書校正：前株・後株	93
077	一定のルールに従って住所表記を校正したい 文書校正：都道府県名	94
078	常用漢字にない漢字を含む単語を指摘したい 文書校正：漢字基準	95

ツール	079	表記ゆれをチェックしたい　文書校正：表記ゆれ	96
	080	英単語のスペルをチェックしたい　スペルチェック	97
	081	開いたPDFや画像のテキストを補正したい　テキスト補正	98
	082	文書の文字数を確認したい　文字数	99
	083	文書を添削したい　添削	100
	084	添削した文書の指摘を反映／却下したい　添削	101
	085	文書内の単語を登録したい　単語登録	102
	086	索引を作成したい　索引設定／索引作成	103
	087	目次を作成したい　目次設定／目次作成／目次ギャラリー	104
	088	オーダーメイドで操作環境をカスタマイズしたい　オーダーメイド	106
	089	感太を使ってことばや写真を挿入したい　感太	108
	090	一太郎の機能をカスタマイズしたい　オプション	109
ウィンドウ	091	複数の文書を上下や左右に並べたい　上下に並べて表示／左右に並べて表示	110
	092	複数開いている文書を切り替えたい　ウィンドウの表示切り替え	111
	093	文書を上下や左右に分割して表示したい　上下分割／左右分割	112
ヘルプ／その他	094	一太郎のヘルプを利用したい　一太郎のヘルプ	113
	095	一太郎のマニュアルを参照したい　一太郎のマニュアル	114
	096	画面タイプを確認したい　画面タイプの確認	115
	097	インストール直後の状態に戻したい　環境を元に戻すツール	116

第2章　ATOK編　117

098	ATOKのオン／オフを切り替えたい　オン／オフ	118
099	目的の変換候補を選択して入力したい　入力	119
100	確定直後に変換ミスを修正したい　確定アンドゥ	120
101	確定した文字を再変換したい　再変換	121
102	入力した文字をカタカナやアルファベットに変換したい　カタカナ変換／英数変換	122
103	いつもの長いフレーズを素早く入力したい　推測候補	123
104	別の言い回しに表現を変えたい　連想変換	124
105	漢字1文字を絞り込んで入力したい　漢字絞り込み変換	125
106	人名・地名だけを連続して入力したい　変換モード−複合語変換	126
107	チャットなどで話し言葉を優先的に入力したい　表現モード−話し言葉	127
108	長い単語を短い読みで入力したい　単語登録	128
109	メールの署名などの定型文を登録して素早く入力したい　お気に入り文書	129
110	読みの分からない漢字を入力したい　手書き文字入力	130
111	入力したカタカナ語／日本語を英語に変換して入力したい　カタカナ語英語辞書	131
112	日本語から英文レターを作りたい　英文レター文例集	132
113	3桁区切りの数字や漢数字を素早く入力したい　推測候補	133
114	日付や時刻を簡単に入力したい　日付をキーワードから入力	134
115	時候の挨拶をさっと入力したい　挨拶文例集	135
116	候補ウィンドウの文字を大きく表示したい　候補ウィンドウ拡大表示	136
117	候補ウィンドウのデザインを変更したい　候補デザイン切替	137
118	特殊記号や学術記号を入力したい　文字パレット	138

119 同じ文字から始まる候補に並べ替えたい　先頭文字並べ替え　139
120 ら抜き表現や慣用句の誤用を減らしたい　校正支援　140
121 紛らわしい地名の指摘機能を利用したい　UP↗　地名の指摘　141
122 入力済みの誤った表現を訂正したい　UP↗　見逃し指摘ビューア　142
123 郵便番号から住所を入力したい　郵便番号辞書　143
124 町名から住所に変換したい　町名住所変換辞書　144
125 顔文字を読みから入力したい　顔文字　145
126 MS-IMEと同じキー割付、スタイルで利用したい　MS-IME設定　146
127 入力した文字数や入力ミスを確認したい　リフレッシュナビ　147
128 旧バージョンのATOKで使っていた単語を引き継ぎたい　ATOK辞書ツール　148

第3章 一太郎2021 プラチナ 〜花子2021編〜　149

129 図面スタイルを設定したい　図面スタイル設定　150
130 画面の表示倍率を変更したい　表示倍率　151
131 図形を図面に挿入したい　図形挿入　152
132 図形をマウスで描きたい　図形描画　153
133 数値で指定して図形を描きたい　数値コマンド入力　154
134 図形をドラッグして選択したい　ボックス掛／ボックス囲　155
135 図形を回転したい　回転　156
136 図形の線種や色を設定したい　図形の属性　157
137 図形の塗り色を設定したい　ベタ塗り／パターン塗り　158
138 図形をグラデーションで塗りつぶしたい　グラデーション塗り　159
139 線や塗り色をまとめて設定したい　クイックスタイルパレット／カラースキーマ　160
140 図形を質感のあるデータで塗りつぶしたい　テクスチャ塗り　161
141 図形の一部を塗りつぶしたい　領域で塗りつぶす　162
142 図形を反転したい　ミラー　163
143 図形に影を付けたい　ドロップシャドウ　164
144 図形をぼかしたい　ぼかし　165
145 別の図形に置き換えたい　置換　166
146 手描きのような線に変更したい　線のラフ化　167
147 図形を規則正しく並べたい　アレイ図　168
148 図形を回転してながら複写したい　回転　169
149 複数の図形を組み合わせて加工したい　図形加工　170
150 複数の図形の位置をそろえたい　位置合せ　171
151 図形の上下を変更したい　図形上下　172
152 複数の図形をまとめて扱いたい　合成／グループ化　173
153 グループ化した図形の一部を選択したい　図形の選択　174
154 部品を呼び出したい　UP↗　部品　175
155 部品をいつも100%の大きさで呼び出したい　選択部品の縮尺で呼出　176
156 文字を入力したい　文字入力　177
157 文字を編集したい　フォントパレット／カラースタイルパレット　178
158 一定の文字数で折り返したい　横組文字枠作成　180

159 文章を段組にしたい 　段組 181
160 ふりがなをふりたい 　ふりがな 182
161 図形の中に文字を配置したい 　文字付き図形 183
162 目立つタイトル文字を作りたい 　モジグラフィ／POP文字 184
163 文字を図形のように扱いたい 　アウトライン化 186
164 QRコードを挿入したい NEW! QRコード 187
165 寸法図を描きたい 　寸法線 188
166 数学図記号を描きたい 　数学図記号 189
167 本のカバーと帯を作成したい 　バラエティ用紙 190
168 写真を挿入したい 　画像・イメージデータを開く 192
169 サムネイルでページを操作したい 　サムネイル 194
170 全ページに同じ背景を入れたい 　背景ページ 195
171 プレーンに分けて作図したい 　プレーン 196
172 別の図面に素早く切り替えたい 　図面切替パレット 197
173 図面を保存したい 　名前を付けて保存／他形式の保存 198
174 図面を印刷したい 　印刷 200

第4章　一太郎2021 プラチナ 〜その他ソフト編〜　　201

新明解国語辞典／類語辞典

175 変換中の言葉の意味を電子辞典で調べたい NEW! 電子辞典検索 202
176 調べたい言葉を入力して、すぐに電子辞典で調べたい NEW! 電子辞典検索 204
177 ATOKイミクルを使って文書中の言葉を電子辞典で調べたい NEW! ATOKイミクル 205
178 辞書引きツールパレットを使って単語の意味を調べたい NEW! 206
　　辞書引きツールパレット
179 新明解類語辞典で類語を調べたい NEW! 類語検索 207

JUST PDF 4 ［作成・編集・データ変換］

180 一太郎や花子、ExcelのファイルからPDFを作成したい 　［作成］PDF作成 208
181 すかしを設定してPDFを作成したい 　［作成］すかし 209
182 セキュリティを設定してPDFを作成したい 　［作成］セキュリティ設定 210
183 等倍や見開きなど、開いたときの状態を設定したい 　［作成］開き方 211
184 複数のPDFファイルを1つにまとめたい 　［編集］ページの挿入 212
185 PDF文書内の文字列を検索したい 　［編集］検索 213
186 ページの縦横の向きを変更して保存したい 　［編集］ページの回転 214
187 ファイルのサイズを小さくしたい 　［編集］軽量化 215
188 ページの一部だけをトリミングして切り出したい 　［編集］トリミング 216
189 ページの一部分をコピーして別のファイルで利用したい 217
　　［編集］スナップショット
190 ページを移動したり削除したりしたい 　［編集］ページの移動／削除 218
191 ページを分割したり統合したりしたい 　［編集］ページの分割／ページの結合 219
192 注釈やすかしを挿入したい 　［編集］注釈／すかし 220
193 パスワードを設定して文書を保護したい 　［編集］パスワードで文書を保護 221
194 開いたときのページの表示や倍率を設定したい 　［編集］開き方 222
195 サムネイルのページ番号を変更したい 　［編集］ページ番号の設定 223
196 しおりを設定してページをジャンプしたい 　［編集］しおり 224
197 PDFに付いている注釈は入れずに印刷したい 　［編集］印刷 225
198 PDFデータを一太郎やExcelファイルに変換したい 　［データ変換］変換 226

JUST PDF 4 [作成・編集・ データ変換]	199	複数ページの一部だけを変換したい　[データ変換]変換	227
	200	変換前に認識結果を確認・編集したい　[データ変換]認識結果を編集	228
	201	画像を文書ファイルに変換したい　[データ変換]画像変換	229
詠太11	202	好みの話者に切り替えたい NEW! 話者の切り替え	230
	203	「会話文」と「地の文」を読み分けたい　会話文を読み分ける	231
	204	「日本語文」と「英文」を読み分けたい　英文を読み分ける	232
	205	一太郎の文書校正機能と連携したい　指摘個所を含む文章を読み上げ	233
	206	固有名詞などの単語を登録したい　辞書作成ツール	234
	207	クリップボードの文字を自動で読み上げたい　どこでも詠太	235
JUST Calc 4/ R.2	208	Excelファイルを読み込みたい　ファイルを開く	236
	209	ブックを最適化したい　ブックの最適化	237
	210	図表を挿入したい　図表の挿入	238
	211	連続データや同じデータを入力したい　フィル	239
	212	昇順や降順でデータを並べ替えたい　並べ替え	240
	213	条件に該当するセルを目立たせたい　条件付き書式	241
	214	関数を使いたい　関数の挿入	242
	215	印刷結果をプレビューで確認しながら印刷したい　印刷	243
	216	グラフを作成し、スタイルを変更したい　グラフの挿入／グラフスタイル	244
	217	クイックアクセスツールバーによく使う機能を追加したい クイックアクセスツールバーのユーザー設定	245
JUST Focus 4/ R.2	218	PowerPointファイルを読み込みたい　ファイルを開く	246
	219	プレゼンテーションを新しく作成したい　新規作成	247
	220	グラフを挿入したい　グラフの挿入	248
	221	図表を挿入したい　図表の挿入	249
	222	アニメーション効果を設定したい　アニメーション	250
	223	画面切り替え効果を設定したい　画面切り替え	251
		索引	252

マークの意味

 新機能、新搭載のソフト

 強化機能

第1章 ▶ 一太郎2021編

第1章では、一太郎2021の機能を、使い方別に解説しています。
「引用文を貼り付けたい」「ビジネス文を校正したい」
「QRコードを作成して文書に入れたい」
など、やりたいことをキーワードに
ファイルを開く操作から文書スタイルの設定、罫線表の作成、
印刷などの操作方法を参照できます。

001 ファイルを開く

文書ファイルを読み込みたい

メニュー▶[ファイル－開く]／

　一太郎で作成した文書を編集するには、目的の文書ファイルを読み込む必要があります。これには、パソコンに保存したファイルを直接指定して読み込んだり、過去の読込履歴から読み込んだりする方法があります。ここでは、ファイルを直接指定して読み込む方法を説明します。

● 文書ファイルを指定して読み込む

1 ツールバーの [開く]をクリックします。

2 [開く] ダイアログボックスが開くので、読み込む文書ファイルを選択します。

3 OK をクリックします。

4 文書ファイルが読み込まれて編集できる状態になります。

HINT 履歴ファイルから読み込む

[ファイル] メニューには、過去に読み込んだファイルの履歴が最大9個まで表示されます。そこから選択して、ファイルを読み込むこともできます。また、[履歴ファイルから開く] を選択して、読み込んだ履歴の一覧から選択することもできます。

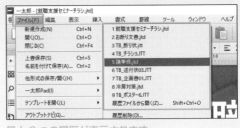

最大9つの履歴が表示されます。

HINT 文書ファイルを直接開く

Windowsのエクスプローラーで、一太郎の文書ファイルをダブルクリックすれば、一太郎が起動して、その文書ファイルが読み込まれます。

MEMO

白紙の新規文書を作成するには、ツールバーの [新規作成]をクリックするか、メニューの [ファイル－新規]を選択します。

002　文字コードを選択して開く

テキストファイルの文字コードを選択して開きたい

メニュー▶[ファイル－開く]／

　テキストファイルを読み込む際に、文字コードを指定できます。通常は「自動判定」で問題ありませんが、自動判定で文字化けが発生する場合は、文字コードを変更することで、正しく読み込めます。

文字コードを指定してテキストファイルを読み込む

1 ツールバーの [開く]をクリックします。

2 [開く]ダイアログボックスでテキストファイルを選択して OK をクリックすると、[文字コードを選択して開く]ダイアログボックスが開きます。[文字コード]で文字コードを選択します。プレビューでファイルの表示を確認できます。

3 OK をクリックします。

MEMO

[開く]ダイアログボックスの[ファイルの種類]で「テキストファイル（＊.txt）」を選択すると、テキストファイルだけに絞り込まれて表示されます。

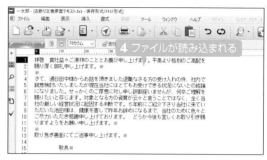

4 テキストファイルが読み込まれます。なお、テキストファイルを読み込むと、自動的にエディタフェーズになります。
➡ フェーズの切り替えは 40 ページへ

HINT　次回からダイアログを表示しない

[次回からこのダイアログを表示しない]のチェックをオンにしてダイアログボックスを閉じると、次にテキストファイルを開くとき以降、このダイアログボックスは表示されなくなります。再び表示するには、[ツール－オプション－オプション]を選択して、グループの[ファイル操作－ファイル操作]で、[テキストファイル読込時に文字コードを選択する]を[する]にしてください。

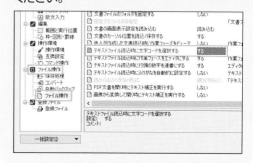

003 名前を付けて保存

文書をファイルに保存したい

メニュー▶[ファイル－名前を付けて保存]／

　新規に作成した文書は、ファイル名を付けて保存します。文書を保存するためには、必ずファイル名を付ける必要があります。保存しないで一太郎を終了すると、作成した文書が失われるので注意してください。

文書にファイル名を付けて保存する

1 ツールバーの [名前を付けて保存]をクリックします。

2 [名前を付けて保存]ダイアログボックスが開くので、[ファイル名/URL]にファイル名を入力します。

3 OK をクリックします。

4 文書が保存されます。設定したファイル名は、タイトルバーに表示されます。

 ファイルを上書き保存する

一度ファイル名を設定した文書は、次回からは [上書保存]をクリックするか、メニューの[ファイル－上書保存]を選択するだけですぐに保存されます。編集した内容をファイルに反映するなら、上書保存を実行してください。

 ファイル名を変えて保存する

ファイル名を付けた文書で、ツールバーの [名前を付けて保存]をクリックするか、メニューの[ファイル－名前を付けて保存]を選択すると、名前の異なる別ファイルとして保存できます。

 保存し忘れた場合は……

一太郎には、編集中の文書を自動的に保存するバックアップ機能があります。メニューの[ファイル－バックアップ－保存し忘れた文書のバックアップを開く]を選択すると、保存し忘れた内容を復活できます。なお、復元される内容は、ファイルを閉じる直前に実行された自動バックアップ時のものです。

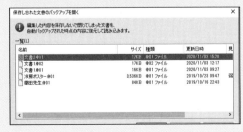

004 他形式の保存/開く

文書をWord形式やPDF形式で保存したい

メニュー▶[ファイル－他形式の保存/開く]／

　一太郎は、作成した文書をWord形式やPDF形式で保存できます。提出する文書の形式を指定されたときや、文書を渡したい相手が一太郎を持っていない場合など、相手が表示できる形式にして渡すことができます。

● 文書をWord形式やPDF形式で保存する

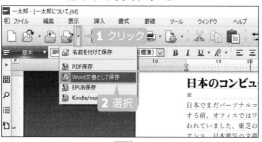

1 ツールバーの [名前を付けて保存]の右にある▼をクリックします。

2 Word形式で保存するなら[Word文書として保存]、PDF形式で保存するなら[PDF保存]を選択します。ここでは[Word文書として保存]を選択します。

3 [保存形式]に選択したWord文書の形式が選ばれた状態で[名前を付けて保存]ダイアログボックスが開きます。保存する場所を指定したら、[ファイル名/URL]にファイル名を入力します。

4 OK をクリックします。

5 文書がWord形式で保存されます。タイトルバーには、Wordの形式であることが表示されます。

HINT　PDF形式で保存する

手順2で[PDF保存]を選択すると、PDF形式で保存できます。なお、「JUST PDF[作成]」がアドインされているときは、複数のシートがある場合、現在のシートだけ変換するか、すべてのシートを変換するかを選択できます。

MEMO

「一太郎2021 プラチナ」搭載の「JUST PDF 4[作成・編集・データ変換]」がインストールされた環境の場合、[JUST_PDF_4－PDFに変換]メニューが表示され、ここからPDF形式で保存することもできます。

HINT　画像に変換して保存する

メニューの[ファイル－他形式の保存/開く－画像に変換して保存]を選択すると、文書を画像に変換することができます。

005 他形式の保存/開く

PDFや画像ファイルを文書に変換して開きたい

メニュー▶[ファイル－他形式の保存/開く－PDF文書を開く／Word文書を開く／画像から変換して開く]

「一太郎2021 プラチナ」に搭載されている「JUST PDF 4［作成・編集・データ変換］」がインストールされている場合は、PDFファイルや画像ファイルを読み込んで編集できます。文字や画像が自動的に認識されて、一太郎で編集できるデータに変換されます。

● 他形式の文書を一太郎文書に変換して開く

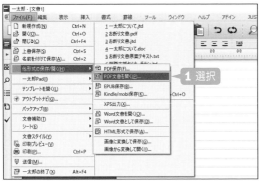

1 選択

1 ここでは、PDFファイルを一太郎文書に変換して読み込む場合を説明します。メニューの［ファイル－他形式の保存/開く－PDF文書を開く］を選択します。

2 変換されるのを待つ

2 ［開く］ダイアログボックスでPDFファイルを選択して OK をクリックすると、変換処理が始まります。処理が終わるまで待ちます。

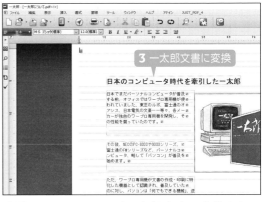

3 一太郎文書に変換

3 PDFファイルが一太郎文書に変換されて読み込まれます。一太郎で編集できる状態です。

➡ JUST PDF 4［作成・編集・データ変換］の詳細は 208 ページへ

 テキスト補正を行える

PDFファイルや画像ファイルを一太郎文書に変換する際、全角・半角の変換や空白の削除、誤字脱字のチェックなどを行えます。

➡テキスト補正については 98 ページへ

［オプション］ダイアログボックスの［ファイル操作－ファイル操作］で、［PDF文書を開く時にテキスト補正を実行する］で「する」を選択します。

006 NEW! 一太郎Pad

一太郎で作成した文章を「一太郎Pad」に送って活用したい

メニュー　[ファイル－一太郎 Pad－一太郎 Padへ送信]／ ・

　一太郎で作成した文書のテキストデータを「一太郎Pad」に転送し、活用することができます。パソコンの「一太郎」で作成した文書を「一太郎Pad」に転送してスマートフォンやタブレットで続きを書くといった使い方ができます。

● 一太郎の文書を「一太郎Pad」に送信する

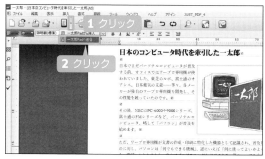

1 一太郎で文書を作成したら、ツールバーの ・[一太郎Pad から挿入] の ▼ をクリックしてメニューを開きます。

2 [一太郎Pad へ送信] をクリックします。

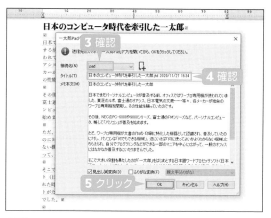

3 [一太郎Pad へ送信] ダイアログボックスが開くので、[接続名] を確認します。

4 [タイトル] を確認します。必要なら変更します。

5 OK をクリックすると、確認画面が表示されます。

1 スマホで、[一太郎Pad] の「メモ」画面の をタップします。

8 「PC 転送」画面で接続名をタップします。

9 一太郎Pad に文章が転送されて、「メモ」画面にタイトルが表示されます。

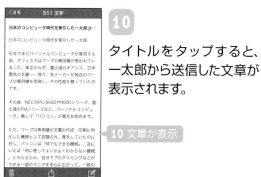

10 タイトルをタップすると、一太郎から送信した文章が表示されます。

「一太郎Pad」アプリでメモを作成したい

メモ作成アプリ「一太郎Pad」は、スマートフォン・タブレット専用のアプリです。文字を入力してメモを作成したり、撮影した写真から文字を自動的に抜き出してメモとして管理したりできます。また、一太郎2021との連携が可能で、一太郎に送信したとき見出しになる「#」「##」などの記号を入力することもできます。

● メモを入力する

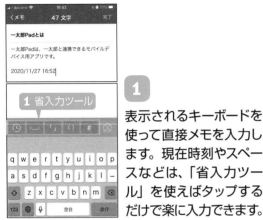

1 表示されるキーボードを使って直接メモを入力します。現在時刻やスペースなどは、「省入力ツール」を使えばタップするだけで楽に入力できます。

HINT 見出し、丸括弧、二重かぎ括弧

一太郎2021世代の一太郎Padでは、「#」「##」などの見出し、丸括弧、二重かぎ括弧を省入力ツールで入力できるようになりました。

● 写真内の文字を自動でテキストに変換する

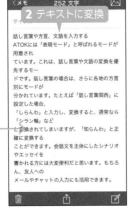

1 旅先で見た案内板や仕事の紙の資料などをスマホで撮影したら、必要な部分をトリミングして 完了 をタップします。

2 写真の中の文字が、自動でテキストに変換されます。

HINT 文字数、文字サイズの設定

一太郎2021の一太郎Padでは、メモの画面上部に文字数を表示して、文字数を確認できるようになりました。また、iOSでは文字サイズを4段階から選択できます。文字の数え方と文字サイズは設定画面で変更します。

文字数の設定画面。スペースの数え方も設定できます。

iOSで選択できる文字サイズは4段階。見やすい文字サイズに設定できます。

文字サイズを「特大」にした場合。

008 UP! 一太郎Pad

「一太郎Pad」アプリで書いたメモを一太郎で活用したい

メニュー　[ファイル－一太郎Pad－一太郎Padから挿入]／ ▾

　スマホやタブレットに入れた「一太郎Pad」アプリで書いたメモをパソコンの「一太郎」に取り込み、文書に挿入することができます。メモに「#」などの記号を使用すると、一太郎に見出しとして取り込むこともできます。

● 一太郎Padのメモを一太郎に挿入する

1 ツールバーの ▾[一太郎 Pad から挿入]をクリックします。

2 🔄 [スマホからメモを転送]をクリックして、メモを最新の状態にします。

3 [Pad ビューア]に一太郎 Pad に保存されているメモが一覧表示されたら、挿入するメモを選択します。

4 挿入 をクリックします。

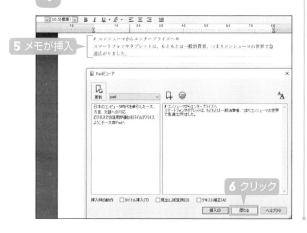

5 カーソル位置にメモが挿入されます。

6 閉じる をクリックして [Pad ビューア]を閉じます。

(HINT) 挿入時の動作

[Pad ビューア]の[挿入時の動作]で、次の動作を設定できます。

・[タイトル挿入]のチェックをオン……メモのタイトルを文書タイトルとして挿入します。

・[見出し[#]変換]のチェックをオン……先頭に「#」記号が付いている行に自動的に段落スタイル（オートスタイル）が設定されます。

・[テキスト補正]のチェックをオン……誤字脱字のチェック処理などか実行されます。

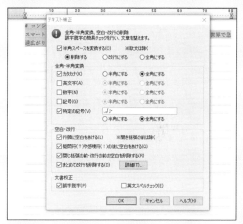

[テキスト補正]のチェックをオンにすると、[テキスト補正]ダイアログボックスが開きます。設定してOKをクリックすると、挿入したテキストが補正されます。

009 UP! テンプレートを開く

テンプレートから新規文書を作成したい

メニュー ［ファイル－テンプレートを開く－テンプレートを開く］／

テンプレートをもとに文書を作成すると、ゼロから作成するよりも効率的に美しい文書を作成できます。一太郎2021 ではテンプレートが一新され、フォントの変更に加え、利用シーンに適したデザインや配色が設定されています。学校向けのテンプレートは新たに 42 点追加されています。

テンプレートをもとに新しい文書を作成する

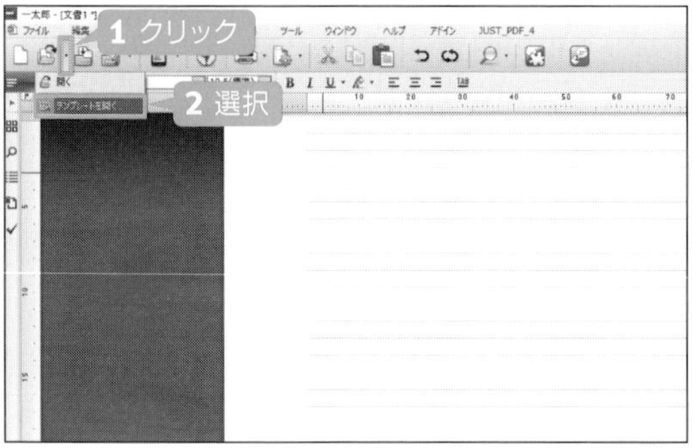

1 ツールバーの［開く］の右にある ▼ をクリックします。

2 ［テンプレートを開く］を選択します。

3 ［パーソナル］か［ビジネス］を選択します。ここでは［パーソナル］を選択します。

4 テンプレートの種類を選択します。ここでは［学校］を選択します。

5 テンプレートを選択します。ここでは［クラブ紹介］を選択します。

6 開く をクリックします。

7 テンプレートが読み込まれます。

8 テンプレートの文字を書き換えて文書を作成します。

HINT 必ずファイル名を付けて保存する

テンプレートをもとに作成した文書は、新規文書になります。このため、ファイル名を付けてファイルとして保存してください。

010 バックアップ

もしもに備えて文書をバックアップしたい

メニュー▶[ファイル－バックアップ]

　編集中の文書をバックアップする機能が3種類用意されています。文書を保存したり閉じたりするときにバックアップする「保存時バックアップ」、停電等に備えた「自動バックアップ」、そして「バックアップの履歴」です。ここでは、バックアップの設定を変更する方法を説明します。

● バックアップの設定を変更する

1 メニューの [ファイル－バックアップ－設定] を選択します。

2 [バックアップの設定] ダイアログボックスが開くので、各項目を設定します。詳細はHINTを参照してください。

3 OK をクリックします。

HINT 保存時バックアップの設定

上書き保存するときに前の文書をバックアップするには、[上書保存時にバックアップファイルを作成する] のチェックをオンにします。複数のバックアップを残しておくには、[バックアップの履歴を使用する] をオンにし、残しておく履歴の数を指定します。その際に、バックアップファイルを作成するフォルダと、バックアップを実行するタイミングを指定できます。

HINT 自動バックアップの設定

自動バックアップを有効にするには、[自動バックアップを行う] のチェックをオンにします。さらに、バックアップ時にメッセージを表示するかどうか、バックアップを実行する時間の間隔を設定できます。

MEMO

初期設定では、10回前までのバックアップの履歴が保持され、上書保存時のバックアップ／自動バックアップも有効になっています。

011 ドキュメント検査

文書に含まれている個人情報などをチェックしたい

メニュー▶[ファイル−文書補助−ドキュメント検査]

　一太郎には、文書中に含まれる個人情報や、非表示になっている情報の有無を検査する「ドキュメント検査」という機能があります。ドキュメント検査を実行すると、こうした個人情報が見つかった場合は削除し、非表示の情報が見つかった場合は情報を表示できます。

● **文書に含まれる個人情報や隠れている情報を検査する**

1 メニューの [ファイル−文書補助−ドキュメント検査] を選択します。

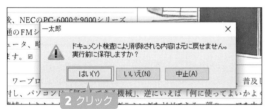

2 確認のメッセージが表示された場合は、はいをクリックして文書を保存します。

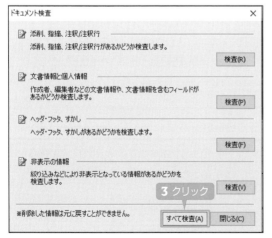

3 [ドキュメント検査] ダイアログボックスが開くので、検査したい項目の検査をクリックします。ここではすべて検査をクリックします。

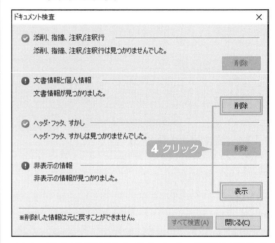

4 検査結果が表示されます。情報を削除する場合は削除、情報を表示する場合は表示をクリックします。

5 閉じるをクリックして検査を終了します。

012 シートの追加

関連するファイルをシートとして追加したい

メニュー▶[ファイル－シート－シートの追加]

　一太郎には「シート」という機能があり、一太郎のファイルやPDFファイルなどを追加することができます。追加した複数のシートは1つのファイルとして管理できます。ここでは、別の一太郎ファイルをシートに追加する方法を説明します。

● シートに別の一太郎ファイルを追加する

1 　左下にあるシートタブの ✚ をクリックします。

2 　[シートの追加]を選択します。

3 　[追加するシートの種類]で「一太郎文書」を選択します。

4 　ファイルから をクリックします。

5 　追加したい一太郎ファイルを選択します。

6 　OK をクリックします。

7 　一太郎ファイルがシートに追加されます。シート名にはファイル名が表示されます。

HINT　Word形式やExcel形式のファイルも追加できる

同じ手順で、Word形式やExcel形式のファイルを追加することもできます。ただし、追加できるのはOffice 2013以前のバージョンで、最新バージョンのWord形式やExcel形式のファイルは追加できません。

MEMO

手順 3 の[シートの追加]ダイアログボックスでシートの種類を指定し、新規 をクリックすると、新規ファイルを追加できます。

013 シートの名前・タブ色変更

シートの名前・タブ色を設定したい

メニュー ▶ [ファイル－シート－シートの名前・タブ色変更]

文書内に同じシート名を複数設定したり、空白にしたりすることはできません。また、「Sheet1」「Sheet2」「Sheet3」……のようなシート名の場合、シートを開かないと内容が分かりません。シートの内容を表す名前に変更したり、タブの色を変えたりすると分かりやすくなります。

● シートの名前、タブ色を変更する

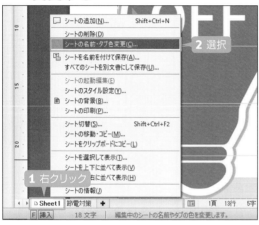

1 シートのタブを右クリックしてメニューを開きます。

2 [シートの名前・タブ色変更] を選択します。

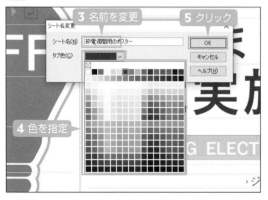

3 [シート名] で名前を変更します。

4 [タブ色] で色を指定します。

5 OK をクリックします。

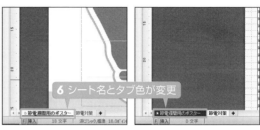

6 シートの名前とタブ色が変更されます。なお、タブの表示は、シートを選択しているとき（左）と、別のシートが選択されているとき（右）で異なります。

HINT シートを削除する

シートを削除するには、タブを右クリックし、[シートの削除]を選択してください。なお、削除したシートは元に戻すことができないので、注意しましょう。

HINT シートタブの位置を変更する

シートタブの位置は変更できます。メニューの [表示－画面表示設定] を選択して [画面表示設定] ダイアログボックスを開き、[共通] タブの [シートタブ位置] で変更できます。

シートタブ位置を「左」にしました。

014 UP!↗ 文書スタイル

文書スタイルを設定したい

メニュー▶ ［ファイル－文書スタイル－スタイル］［書式－文書スタイル］ ／

文書を作成するときは、最初に文書スタイルを設定して仕上がりを確認しながら作成していくとよいでしょう。一太郎2021では、文書スタイルのフォントがWindowsの標準フォント「游明朝」「游ゴシック」中心に変更され、読みやすくリニューアルされました。

● 文書スタイルを設定する

1 ツールバーの ［用紙や字数行数の設定（文書スタイル）］をクリックします。

2 ［文書スタイル］ダイアログボックスが開くので、各タブで設定します。［スタイル］タブでは用紙サイズ、行数・文字数、縦組／横組などを設定します。そのほかの設定はHINTを参照してください。

3 設定できたら、OK をクリックします。

文書スタイルで設定できる内容

［フォント］タブ：文書全体で使用するフォントや文字サイズを設定します。

［ページ／ヘッダ・フッタ］タブ：ページ番号、ヘッダー・フッターのスタイルを設定できます。

➡ ヘッダー・フッターの設定は 24 ページへ

［体裁］タブ：禁則文字やジャスティフィケーションなどを設定できます。

［行番号表示］タブ：文書全体に表示する行番号を設定できます。

［ページ飾り］タブ：ページ全体を囲む囲み線、ページの背景色を設定できます。

015 ヘッダー・フッター

文書にヘッダー・フッターを設定したい

メニュー ▶ [ファイル－文書スタイル－ヘッダ・フッタ]

　文書のマージン（余白）部分に作成者名やファイル名などの文字列を入力し、全ページに反映して印刷する機能をヘッダー・フッターと呼びます。上のマージンに入れるのがヘッダーで、下のマージンに入れるのがフッターです。

● ヘッダーとフッターを入れる

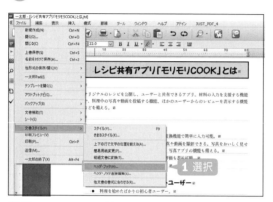

1 メニューの［ファイル－文書スタイル－ヘッダ・フッタ］を選択します。

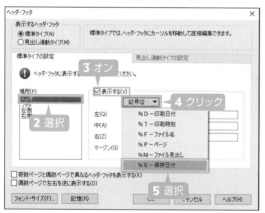

2 ［場所］で［ヘッダ］を選択します。

3 ［表示する］のチェックをオンにします。

4 ヘッダーを表示したい位置のテキストボックス内にカーソルを置き、記号 をクリックします。

5 ヘッダーにしたい項目を選択します。

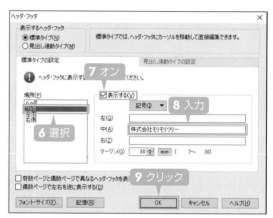

6 ［場所］で［フッタ］を選択します。

7 ［表示する］のチェックをオンにします。

8 フッターを表示したい位置のテキストボックス内に文字を入力します。

9 OK をクリックします。

> **MEMO**
>
> 会社名や作成者名など任意の文字を入れたいときは、文字を入力します。

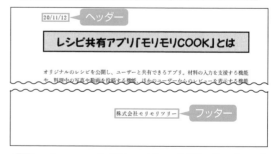

10 メニューの［ファイル－印刷プレビュー］を選択すると、ヘッダーとフッターが設定されたことを確認できます。

016 きまるスタイル

きまるスタイルを設定したい

メニュー　[ファイル－文書スタイル－きまるスタイル]／

　用途別のスタイルをサンプルから選ぶだけで、文書に最適なレイアウトを設定できる機能が「きまるスタイル」です。ビジネス文書や会報・チラシ、本・冊子などからスタイルを選ぶだけで、スタイルをすぐに設定・変更することができます。なお、一太郎2021では、新たに「教材」が追加されました。

● きまるスタイルを設定する

1 文書を作成
2 選択

1　スタイルを設定したい文書を作成または読み込みます。

2　メニューの[ファイル－文書スタイル－きまるスタイル]を選択します。

3 選択
4 選択
5 クリック

3　[きまるスタイル]ダイアログボックスが開くので、文書の種類を選択します。ここでは[教材]を選択します。

4　文書のスタイルを選択します。ここでは[A4_教材【中学】4 24字×38行 10.0P]を選択します。

5　[OK]をクリックします。

6 選択したスタイルが設定

6　文書に選択したスタイルが設定されます。

HINT サイズや縦書き／横書きで絞り込む

サンプル上部のボタンで、表示するサンプルを用紙サイズ、用紙の向き、縦書き／横書きなどで絞り込むことができます。たとえば、A4サイズのサンプルだけ表示するなら、[すべてのサイズ]をクリックして、メニューから[A4]を選択してください。

用紙サイズを絞り込めます。

017 印刷

文書を印刷したい

メニュー▶[ファイル-印刷]／

　作成した文書は、さまざまな形式で印刷できます。設定した用紙サイズのまま印刷したり、1枚の用紙に複数ページ印刷したり、複数の部数印刷したいこともあるでしょう。印刷する文書によってダイアログボックスの設定も変化するので、文書に合わせたきめ細やかな印刷が可能です。

● 文書を印刷する

1 ツールバーの [印刷]をクリックします。

2 [印刷] ダイアログボックスが開くので、必要な設定を行います。詳細は HINT を参照してください。

3 OK をクリックすると、印刷が実行されます。

(HINT) [設定]タブと[詳細]タブ

[設定] タブでは、部数、印刷する範囲、印刷するページ数など、印刷に必要な基本的な項目を設定します。[詳細] タブでは、行間ラインの印刷や逆順印刷などの設定ができます。

(HINT) 通常印刷からポスター印刷まで

拡大縮小：文書を拡大・縮小印刷します。たとえば、A4 の文書を B5 の用紙に縮小印刷したり、B4 の用紙に拡大印刷したりできます。

レイアウト：1 枚の用紙に 2 ページ分や 4 ページ分を縮小してまとめて印刷します。

冊子：折って冊子になるように、用紙の表裏に 2 ページずつ印刷します。印刷する用紙と折り方などを設定します。

ポスター：1 枚の用紙を複数の用紙に拡大して印刷します。印刷する用紙、分割数を設定します。

018 アウトプットナビ
文書をさまざまな形式で出力したい

メニュー▶ [ファイル−アウトプットナビ] ／

　作成した文書の出力をナビゲートする「アウトプットナビ」は、出力のイメージが分かりやすい図解で説明されています。通常とは異なる形式で印刷したり、メールに添付したり、小説投稿サイト向けにテキストを保存したりと、目的に応じたさまざまな出力を支援する機能です。

● アウトプットナビで文書を出力する

1 ツールバーの [アウトプットナビ]をクリックします。

2 アウトプットナビが表示されます。主な内容は HINT を参照してください。

HINT アウトプットナビでできること

・冊子作成……中とじ本や平とじ本を作成できる冊子印刷や折り本用の印刷を実行したり、印刷所への入稿用のデータを作成したりできます。

・PDF・電子書籍……PDF ファイルや電子書籍の形式で保存できます。

・小説投稿……小説投稿サイト向けの記述方法でテキストを保存します。

・コンビニプリント……コンビニエンスストアのプリントサービスを利用する流れを確認しながら PDF 形式で保存します。

019 NEW 引用として貼り付け

引用文を貼り付けたい

メニュー　[編集－形式を選択して貼り付け－引用として貼り付け]

　ほかの文書から文章をそのまま引用する際には、引用文の長さに応じて括弧でくくったり、空行で囲んで字下げしたりするのが一般的なルールです。「引用として貼り付け」を利用すれば、このようなルールに従って引用文を簡単に貼り付けることができます。

● コピーした引用文を貼り付ける

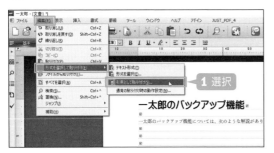

1 別のアプリや文書などで引用したい文章を選択したら Ctrl + C キーを押してコピーし、一太郎文書の引用文を貼り付ける位置にカーソルを置きます。メニューの[編集－形式を選択して貼り付け－引用として貼り付け]を選択します。

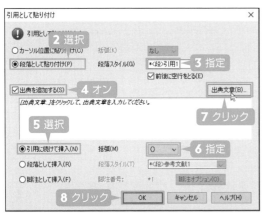

2 [引用として貼り付け]ダイアログボックスが開くので、貼り付け方法を選択します。ここでは[段落として貼り付け]を選択します。

3 [段落スタイル]で段落スタイルを指定します。

4 [出典を追加する]のチェックをオンにします。

5 出典の挿入方法を選択します。ここでは[引用に続けて挿入]を選択します。

6 出典を囲む括弧の種類を指定します。

7 出典文章 をクリックして、出典の情報を入力します。
　　➡ 出典情報の入力については 45 ページへ

8 OK をクリックします。

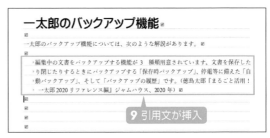

9 引用文が挿入

9 カーソル位置に引用文や出典が挿入されます。

(HINT) カーソル位置に貼り付け

[カーソル位置に貼り付け]を選択すると、カーソル位置に引用文が貼り付けられます。[括弧]で引用文を囲む括弧の種類を選択できます。

020 NEW! Webページのデータを引用として貼り付ける
Webページの文章を引用として貼り付けたい

　Webブラウザで表示したページ中の文章をコピーし、一太郎の文書に貼り付ける際に、[引用として貼り付け] ダイアログボックスを開いて出典を設定できます。URLと日付が自動的に出典に設定されるので、情報を入力する手間を省くことができます。

● Webページの文章を引用として貼り付ける

1 Webページの文章を選択して、Ctrl ＋ C キーを押してクリップボードにコピーします。

2 一太郎に切り替えたら、挿入したい位置にカーソルを置いて Ctrl ＋ V キーを押して貼り付けます。

3 確認のメッセージが表示されたら、はい をクリックします。なお、いいえ をクリックすると通常の貼り付けになります。

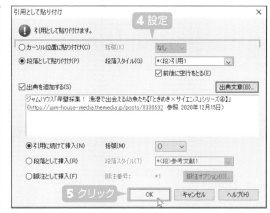

4 [引用として貼り付け] ダイアログボックスが開くので、各項目を設定します（前ページ参照）。

5 OK をクリックします。

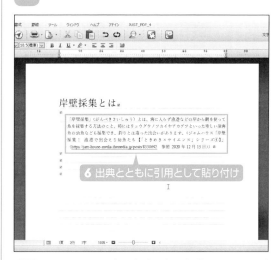

6 Webページの文章が、出典とともに引用として貼り付けられます。

021　形式を選択して貼り付け

文字列の書式を引き継がずに貼り付けたい

メニュー▶ [編集－形式を選択して貼り付け] ／

　文字をクリップボードにコピーすると、飾りや書式などの情報もコピーされます。このため、通常の貼り付けでは、コピー元と同じ状態で貼り付けられます。書式などは受け継ぎたくない場合は、「形式を選択して貼り付け」で、文字だけを貼り付けることができます。

● 文字の飾りや書式を解除して 文字だけを貼り付ける

1 コピーする範囲を指定します。

2 ツールバーの [コピー（範囲先指定）] をクリックします。

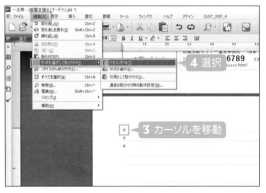

3 貼り付けたい位置にカーソルを移動します。

4 メニューの [編集－形式を選択して貼り付け－テキスト形式] を選択します。

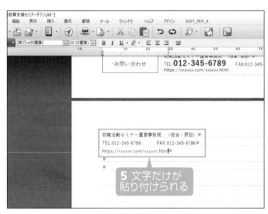

5 書式や飾りが解除されて、文字だけが貼り付けられます。

(HINT) 形式を選択する

メニューの [編集－形式を選択して貼り付け－形式を選択] を選択すると、より詳細なデータ形式を指定して貼り付けることができます。また、画像の場合は枠の基準を指定することもできます。

022 ファイルから貼り付け

別のファイルの内容を挿入して1つの文書にまとめたい

メニュー ▶ [編集－ファイルから貼り付け]

　カーソル位置に、別の文書の内容を貼り付けることができます。現在の文書中で、別の文書の内容が必要になったとき、1つの文書にまとめたいときなどに利用します。なお、一太郎文書だけでなく、Wordなどの別アプリケーションのファイルを挿入することも可能です。

● カーソル位置に別のファイルを挿入する

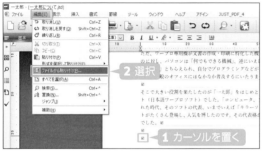

1 カーソルを置く

2 選択

1 ファイルを貼り付けたい位置にカーソルを置きます。

2 メニューの [編集－ファイルから貼り付け] を選択します。

3 ファイルを選択

4 クリック

3 貼り付けるファイルを選択します。

4 OK をクリックします。

5 ファイルが貼り付けられる

5 カーソル位置に選択したファイルの内容が貼り付けられます。

HINT WordやExcelのファイルも貼り付けられる

[ファイルの種類] では、「Word ファイル」「表計算ファイル」などを指定して、Word ファイルや Excel ファイルを指定して貼り付けることもできます。なお、その際にはファイルが一太郎の文書形式に変換されて挿入されます。ただし、ファイルによっては変換できない場合があるので注意してください。

023 検索

特定の文字や飾りを検索したい

**メニュー ▶ [編集−検索] / **

　文書中から目的の文字を探す機能が「検索」です。文書中の該当する文字を次々と検索できます。大文字や小文字、ひらがなやカタカナといったあいまいな検索を行えるなど、さまざまな設定が可能です。また、スペースや改行マーク、飾りや機能を検索対象に設定することもできます。

● 文字を検索する

1 ツールバーの [検索ダイアログボックスを開く]をクリックします。

2 [検索] ダイアログボックスが開くので、[検索方法] で [文字] を選択します。

3 [検索文字] に検索したい文字を入力します。

4 文書頭から検索 をクリックします。

5 文書先頭から指定した文字が検索され、最初の文字が選択されます。

6 F5 キーで文書末方向、Shift + F5 キーで文書頭方向に続けて検索できます。

ジャンプパレットで検索する

ジャンプパレットを表示している場合は、[検索]タブで文字を検索することもできます。文字を入力して 検索 をクリックすると、該当する文字に黄色いマーカーが付き、ジャンプパレットに該当個所の一覧が表示されます。クリックすると、その位置に素早くジャンプできます。
※ [検索結果をクリア] をクリックすると、一覧やマーカーをクリアできます。

飾りを検索する

[検索]ダイアログボックスの[検索方法]で「飾り」を指定すると、アンダーラインや影文字などの、飾りを検索できます。

024 置換

特定の文字を別の文字に置き換えたい

メニュー ▶ [編集－置換] / 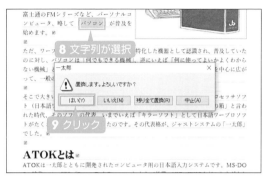 ▼

指定した文字を別の文字に置き換えるのが「置換」です。文字列のほか、スペースや改行マークなどの記号や飾りも置換対象に設定できます。たとえば見出しに指定した文字サイズを別のサイズに置換したり、文字色を別の色に置き換えたりできます。

● 指定した文字を別の文字に置換する

1. ツールバーの [検索ダイアログボックスを開く]の右にある▼をクリックします。

2. メニューから[置換]を選択します。

3. [置換]ダイアログボックスが開くので、[検索・置換方法] で「文字→文字」を選択します。

4. [検索] に置換前の文字を入力します。

5. [置換] に置換後の文字を入力します。

6. [1つずつ確認しながら置換する]のチェックをオンにします。

7. 文書頭から置換 をクリックします。

8. 置換対象の文字が選択されます。

9. 確認のメッセージが表示されるので はい をクリックします。

10. 文字が置換されて、次の置換対象の文字が選択され、同じメッセージが表示されます。以下、同様に操作して置換を実行してください。

11. すべての文字が置換されたら、このメッセージが表示されます。 いいえ をクリックして置換を終了します。

025 ジャンプ

目的の位置やページに素早くジャンプしたい

メニュー▶［編集－ジャンプ］

　ページ数の多い文書を編集しているときは、文書先頭や文書末、特定のページなどにさっと移動できると便利です。ジャンプ機能を使えば、カーソルを素早くジャンプして移動することができます。ここでは、文書先頭にジャンプする操作を説明します。

● カーソルを文書の先頭にジャンプする

1 メニューの［編集－ジャンプ－文書頭］を選択します。

2 カーソルが文書先頭にジャンプします。

HINT ジャンプできる場所

ジャンプメニューを使うと、次の場所に素早くジャンプすることができます。

文書頭	文書先頭にジャンプする。
文書末	文書末尾にジャンプする。
前のページ	現在のページの前ページにジャンプする。
次のページ	現在のページの次ページにジャンプする。
ページの指定	ページを指定してジャンプする。
前位置	直前に編集していた位置にジャンプする。
ブックマーク	ブックマークの位置にジャンプする。

HINT ジャンプのショートカットキー

次のショートカットキーを覚えておくと便利です。
・文書頭……　Ctrl ＋ Home キー
・文書末……　Ctrl ＋ End キー
・前位置……　Ctrl ＋ : キー

HINT ジャンプパレットでジャンプする

ジャンプパレットを表示している場合は、［ページ］タブでページのサムネイルをクリックして、ページをジャンプできます。また、［見出し］タブや［ブックマーク］タブで、見出し、ブックマークの一覧を表示してジャンプすることもできます。

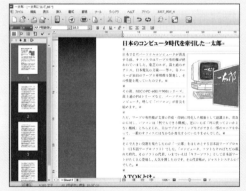

ジャンプパレットの［ページ］タブ。ページのサムネイルをクリックしてジャンプできます。

026 文節改行

読みやすい位置で改行したい

メニュー▶［編集－補助－文節改行－設定］

文章の折り返し位置によっては、ことばの途中で改行され、意味が読み取りづらくなることがあります。行末の直前の文節で改行する「文節改行」は、教科書などでも読みやすさを追求する取り組みの一つとして採用されています。一太郎では、文節を自動で判別して改行できます。

● **読みやすい位置で
自動的に改行する**

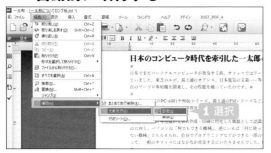

1 メニューの［編集－補助－文節改行－設定］を選択します。

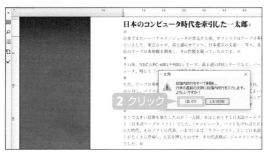

2 確認のメッセージが表示されたら[はい]をクリックします。

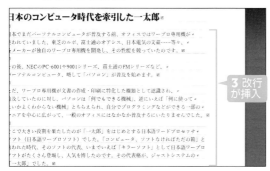

3 適切な文節に改行が自動的に挿入されます。

HINT 指定した範囲だけ文節改行する

先に範囲指定して、［編集－補助－文節改行－設定］を選択すれば、選択した範囲にだけ文節改行を設定できます。

HINT 文節改行を解除する

［編集－補助－文節改行－解除］を選択すると、文節改行を解除できます。先に範囲指定しておけば、その範囲だけ解除できます。なお、ここで削除されるのは「改行」で、下で説明している「改段落」は削除されません。

HINT 「改段落」と「改行」

Enter キーを押すと挿入されるのは、段落と段落を区切る「改段落」です。文書作成では、Enter キーを押して文章を入力していくことが多いでしょう。一方、「文節改行」で挿入されるのは「改行」です。1つの段落内で行を改める機能です。Shift + Ctrl + Enter キーを押すと挿入できます。「改段落」と「改行」は記号も異なるので注意してください。

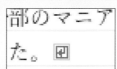

「改段落」のマーク。通常はこちらを使って文章を作成することが多いでしょう。

「改行」のマーク。段落内での改行に利用します。

027 ドラフト編集／イメージ編集／印刷イメージ

編集画面タイプを切り替えたい

メニュー▶[表示－ドラフト編集／イメージ編集／印刷イメージ]

　編集画面は、画面を簡略表示する「ドラフト編集」、文字の飾りや枠の状態などを表示する「イメージ編集」、印刷したときの状態を表示する「印刷イメージ画面」の3つのタイプが用意されています。作業の内容によって使い分けましょう。

● ドラフト編集に切り替える

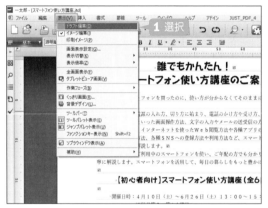

1 メニューの[表示－ドラフト編集]を選択します。

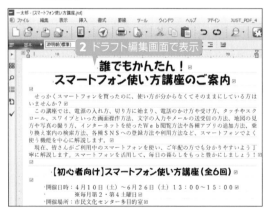

2 ドラフト編集画面に切り替わります。

MEMO

初期状態では、イメージ編集画面で表示されています。また、画面下の　[編集画面タイプ切替]ボタンでも編集画面タイプを切り替えられます。

● 印刷イメージ画面に切り替える

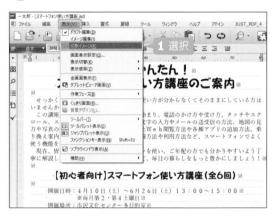

1 メニューの[表示－印刷イメージ]を選択します。

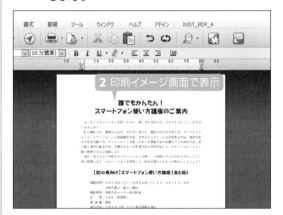

2 印刷イメージ画面に切り替わります。

MEMO

現在の作業フェーズによって選択できる編集画面タイプは異なります。「エディタフェーズ」「提出確認フェーズ」では編集画面タイプに切り替えることはできません。

028　ハイライト表示

カーソルがある行をハイライト表示したい

メニュー ▶ [表示－表示切替－ハイライト表示]

　カーソル行のみを透過色でハイライト表示し、その前後の行をカバーして表示する機能が「ハイライト表示」です。余分な情報を排除して編集に集中したいときに利用しましょう。画面から目を離したときに、カーソル位置を見失うことも防げます。

● ハイライト表示にする

1 ハイライト表示したい行にカーソルを置きます。

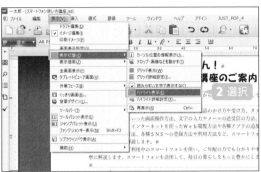

2 メニューの [表示－表示切替－ハイライト表示] を選択します。

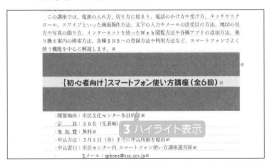

3 カーソルを置いた行がハイライト表示され、前後の3行がカバーされます。

● ハイライト表示の詳細を設定する

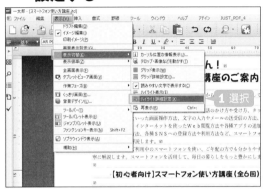

1 メニューの [表示－表示切替－ハイライト表示詳細設定] を選択します。

2 [ハイライト詳細設定] ダイアログボックスが開くので、[ハイライト色] [カバー色] の色を変更します。

3 OK をクリックします。

> **MEMO**
>
> [半透明] のチェックをオンにすると、カバーを半透明にできます。また、[3行のみカバー] のチェックをオフにすると、カーソルを置いた行のみを表示し、それ以外をすべてカバーできます。

029 表示倍率

画面の表示倍率を変更したい

メニュー▶[表示－表示倍率]

画面の表示倍率は、自由に変更できます。作業内容に応じて、表示倍率を変更しましょう。文字サイズが小さくて入力・編集作業がしづらかったり、細かい操作をしたりするときは拡大表示し、全体を見て仕上がりを確認したい場合は縮小表示するというように切り替えると効率的です。

● 表示倍率を変更する

1 メニューの［表示－表示倍率］で倍率を選択します。ここでは「150%」を選択します。

2 表示する範囲を指定します。

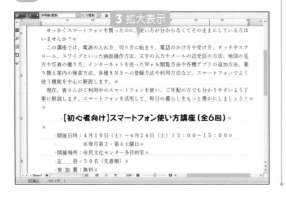

3 選択して倍率で、指定した範囲が拡大表示されます。

HINT 画面下のボタンで表示倍率を変更する

画面下の 100% ▼ ［倍率表示］ボタンをクリックして、メニューから表示倍率を変えることもできます。または、ズームコントロールのスライダーをドラッグするか、━ または ＋ をクリックします。━ をクリックすると10%ずつ縮小表示されます。＋ をクリックすると10%ずつ拡大表示されます。

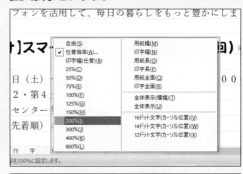

030 全画面表示／見開き表示

文書を全画面や見開きで表示したい

メニュー▶［表示－全画面表示］／［表示－表示倍率－見開き表示］

　ノートパソコンなどで、編集領域が狭く感じることがあります。できるだけ広く表示したいときは全画面表示に切り替え、パソコンの画面いっぱいに表示しましょう。また、冊子の作成などで、見開きの状態を確認しながら作業したいときは、見開き表示に切り替えるとよいでしょう。

● 全画面表示にする

1 メニューの［表示－全画面表示］を選択します。

2 パソコン画面いっぱいに表示され、［全画面表示］ツールボックスが表示されます。

MEMO

全画面表示では、タイトルバーやメニューバーは表示されません。全画面表示を終了するには、［全画面表示］ツールボックスの［全画面表示切替］をクリックします。

● 見開き表示にする

1 メニューの［表示－表示倍率－見開き表示］を選択します。

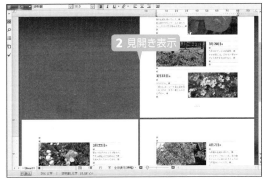

2 見開き表示に変更されました。画面の倍率は、2ページ分がひとつの画面内に収まるように自動的に調整されます。

MEMO

横組文書の場合は左綴じのため1ページ目は右に、縦組文書の場合は右綴じのため1ページ目は左に表示されます。先頭のページから2ページ分の表示にしたいときは、メニューの［表示－表示倍率－2ページ表示］を選択してください。

031 作業フェーズ

作業に応じた画面にしたい

メニュー ▶ [表示-作業フェーズ]

「基本編集」フェーズのほかに、「エディタ」「アウトライン」「提出確認」「ビューア」といった作業フェーズが用意されています。テキスト入力に集中したいとき、アイデアを整理したいときなど、目的と編集内容に合わせて切り替えて利用しましょう。

● エディタフェーズに切り替える

1 コマンドバーの ≡ 基本 ▼ [作業フェーズの変更] ボタンをクリックします。

2 表示されるメニューの [エディタ] を選択します。

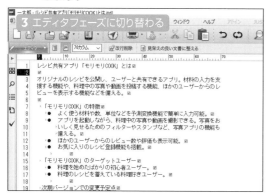

3 エディタフェーズに切り替わります。

MEMO

エディタフェーズは、テキスト文書の編集に適した作業フェーズです。テキストデータを整えたり、入力に集中したりしたいときに利用しましょう。

● アウトラインフェーズに切り替える

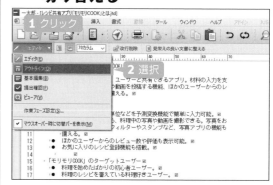

1 コマンドバーの ✎ エディタ ▼ [作業フェーズの変更] ボタンをクリックします。

2 表示されるメニューの [アウトライン] を選択します。

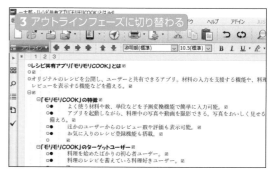

3 アウトラインフェーズに切り替わります。

MEMO

アウトラインフェーズでは、段落を階層化して表示できます。文書の構成を階層的にとらえながら作業したいときや、階層に応じた段落スタイルを設定したいときなどに利用すると便利です。

032 ツールパレットを閉じる・開く／表示・非表示

ツールパレットの表示を切り替えたい

メニュー ▶ [表示－ツールパレット表示]

　文書の作成や編集に便利なツールパレットは、1クリックで開いたり閉じたりできます。また、表示／非表示を切り替えられます。文書全体を見ながら、より広い画面で編集したいときは、ツールパレットを非表示にしましょう。広い画面で効率良く作業できます。

● ツールパレットを閉じる／開く

1 ツールパレット上部の ▶ [ツールパレットを閉じる]ボタンをクリックします。

2 ツールパレットが閉じます。◀ [ツールパレットを開く]ボタンをクリックすると再び開きます。

MEMO

ツールパレットを閉じると、[ツールパレットを開く] ボタンの下に、[パレットを開く] ボタンが表示されます。このボタンをクリックすると、クリックしたパレットが開いた状態でツールパレットが開きます。

● ツールパレットの表示／非表示を切り替える

1 メニューの [表示－ツールパレット表示] を選択します。

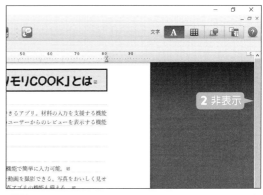

2 ツールパレットが非表示になります。再度 [表示－ツールパレット表示] を選択すると、表示されます。

ツールパレットの種類が切り替わる

通常の文字入力モードでは、「基本編集ツールパレット」が表示されます。罫線モードに切り替えると「罫線ツールパレット」、作図モードでは「作図ツールパレット」に、自動的に切り替わります。

033 ツールバーのカスタマイズ

ツールバーに自分のよく使う機能を追加したい

メニュー▶ [表示－ツールバー－カスタマイズ]

　保存や開く、印刷など、よく利用する機能は、ツールバーにコマンドのアイコンが表示されており、クリック操作で簡単に実行できるようになっています。ツールバーはカスタマイズできます。よく使う機能がある場合、ツールバーにコマンドを追加しておくと便利です。

● ツールバーにコマンドを追加する

1 メニューの [表示－ツールバー－カスタマイズ] を選択します。

2 右側の [一覧] で追加したいコマンドを選択します。

3 追加 をクリックします。

4 OK をクリックします。

5 コマンドが追加されます。

● コマンドの表示位置を変更する

1 左段の手順 2 で、表示位置を変更したいコマンドを[ツールバー] から選択します。

2 ↑ または ↓ をクリックして、表示したい位置を指定します。

3 OK をクリックします。

4 表示位置が変更されました。

 アイコンの大きさを変更する

ツールバーのアイコンの大きさを変更するには [表示－ツールバー] で [アイコンサイズ大] または [アイコンサイズ小] を選択します。

034 ジャンプパレットを閉じる・開く／表示・非表示

ジャンプパレットの表示を切り替えたい

メニュー▶[表示－ジャンプパレット表示]

　文書内を素早く移動するのに便利なジャンプパレットは、1クリックで開いたり閉じたりできます。単ページの文章を編集するときや文書を大きく表示して編集したいときは、ジャンプパレットを閉じておきましょう。また、表示／非表示を切り替えられます。

● ジャンプパレットを閉じる／開く

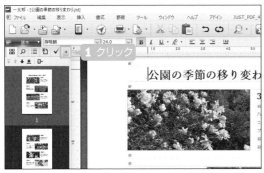

1 ジャンプパレット上部の ◀ [ジャンプパレットを閉じる]ボタンをクリックします。

2 ジャンプパレットが閉じます。 ▶ [ジャンプパレットを開く]ボタンをクリックすると再び開きます。

> **MEMO**
>
> ジャンプパレットを閉じると、[ジャンプパレットを開く]ボタンの下に、[パレットを開く]ボタンが表示されます。[パレットを開く]ボタンをクリックすると、クリックしたパレットが開いた状態でジャンプパレットが開きます。

● ジャンプパレットの表示／非表示を切り替える

1 メニューの[表示－ジャンプパレット表示]を選択します。

2 ジャンプパレットが非表示になります。再度[表示－ジャンプパレット表示]を選択すると、表示されます。

035 NEW! QRコード

QRコードを作成して文書に入れたい

メニュー [挿入-絵や写真- QRコード]

一太郎2021 は、QRコードの作成に対応しました。URLなどを QRコードにして、画像として文書に挿入できます。スマートフォンなどで読み取ってさっと情報にアクセスできる QRコードは、ポスターや配付資料、名刺など、さまざまなシーンで活用できます。

● URLの QRコードを作成する

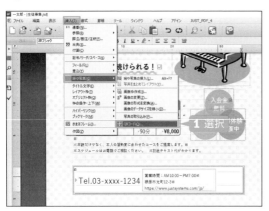

1 メニューの [挿入-絵や写真- QR コード] を選択します。

2 [QR コード] ダイアログボックスが開くので、[URL] を選択します。

3 URL を入力します。URL の先頭文字列は「http://」または「https://」のいずれかにします。

4 [サイズ] で QR コードの画像サイズを選択します。ここでは [小] を選択します。

5 設定できたら OK をクリックします。

MEMO

[サイズ] は制作物の大きさに合わせて選べます。大きなポスターなら [大]、チラシなら [中]、カードや名刺なら [小] がオススメです。任意のサイズで作成することもできます。

6 カーソル位置に QR コードが挿入されます。実際に QR コードを読み取って確認してみてください。

HINT メールアドレスや住所を QRコードにする

[QR コード] ダイアログボックスで [文章] を選択すると、任意の文字列を QR コードにできます。全角 200 文字まで入力でき、改行もできるので、メールアドレスや住所、プロフィール、商品の説明文といった情報を自由に設定できます。

MEMO

QR コードを挿入した後にサイズ変更するときは、画像の縦横比を変更しないように注意してください。

036 出典

ルールに従って出典を挿入したい

メニュー [挿入-出典]

論文やレポートの作成など、著作権に配慮した文書の作成では、作法にのっとった出典の示し方が求められます。慣れないと手間取ることもあるでしょう。出典の機能を利用すれば、項目を入力することで、表記方法に迷わずに出典を編集できます。

● 出典を挿入する

1 メニューの [挿入-出典] を選択します。

[出典] ダイアログボックス

2 [出典] ダイアログボックスが開くので、[種類] と [形式] を選択します。

3 著者や署名、発行者などの情報を入力します。

4 出典文章が自動整形され、表示されます。

5 [OK] をクリックします。

6 出典が挿入

6 出典が挿入されます。

縦組文書にも対応 HINT

縦組で文書を作成している場合は、[出典]ダイアログボックスで [縦組時漢数字] のチェックをオンにします。[発行年] などの数字が漢数字に自動変換されます。[形式]で [一般] または [調べ学習]を選択した場合に設定できます。

037 UP! 脚注

文書を補足する脚注を入れたい

メニュー▶[挿入－脚注/割注/注釈]／ツールパレット▶[文書編集]パレット

本文の補足や注意、説明などの文章を入力したいときは、脚注の機能を利用しましょう。本文中に「*1」のように脚注番号が挿入され、本文の下に脚注を入力する「脚注エリア」が用意されます。本文中に挿入される脚注番号の数字の種類や、脚注の本文を表示する位置は変更も可能です。

● 脚注を挿入する

1 脚注を挿入したい位置にカーソルを置きます。

2 [文書編集] パレットの 脚注 をクリックします。

3 [脚注] タブをクリックします。

4 脚注の文章を入力します。

5 挿入 をクリックします。

MEMO

手順 4 で 振り直して挿入 をクリックすると、文書の途中で脚注番号を「1」から振り直したり、脚注番号を任意の数字から始めたりすることができます。

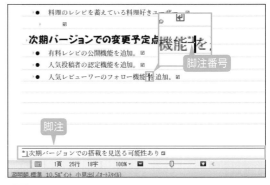

6 文中に脚注番号が、脚注エリアに脚注が挿入されます。

MEMO

脚注番号を範囲指定して Delete キーを押すと、脚注を削除できます。

HINT 出典文章を入力する UP!

一太郎2021では、脚注に出典文章を設定できるようになりました。自動的に出典文章を成形したり、斜体やハイパーリンクを設定したりできます。[挿入－脚注/割注/注釈]を選択すると開く[脚注]ダイアログボックスで[出典]をオンにし、[出典]ダイアログボックスで設定しましょう。

➡出典の詳細は 45 ページへ

038 重ね文字

㊞や注などの重ね文字を作成したい

メニュー ▶ [挿入－記号/リーダ/スペース] ／ツールパレット ▶ [文字]パレット

㊞や注のように、○や□の図形で文字を囲む重ね文字を作成できます。記号として用意されていない21以上の丸数字を使いたいときも重ね文字を利用すれば入力できます。文字サイズをそろえる基準は、「外の文字」(記号)か「中の文字」(図形内の文字)から選ぶことができます。

重ね文字を作成する

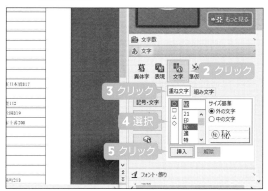

1 重ね文字を挿入したい位置にカーソルを置きます。

2 [文字]パレットの 文字 をクリックします。

3 [重ね文字]タブをクリックします。

4 囲む記号、中の文字、サイズ基準を選択します。

5 挿入 をクリックします。

> MEMO
>
> 一覧にない任意の文字を入力して指定することもできます。

6 重ね文字が挿入されます。

> MEMO
>
> 重ね文字を解除したいときは、重ね文字を範囲指定し、[重ね文字]タブで 解除 をクリックします。解除後は、重ね文字の中の文字だけ残ります。

HINT 21以上の丸数字を作成する

①②などの丸数字は、ATOKの通常の変換操作で㊿まで入力できますが、21以上は環境依存文字となります。重ね文字の機能を使って、○の記号と数字を組み合わせることで、21以上の丸数字を作成できます。ただし、重ね文字の中の文字は全角1文字または半角3文字以内なので、999を超える丸数字は作成できません。

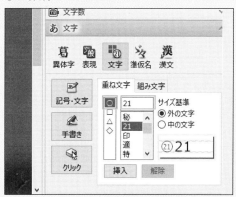

039 連番

「1.」「2.」「3.」などの通し番号を入れたい

メニュー▶[挿入−連番]／ツールパレット▶[文書編集]パレット

　行頭に通し番号を入れたいときは、連番機能を利用しましょう。連番を入力した文章を改行すると、自動的に続きの番号が挿入されます。数字の手入力と異なり、誤って同じ番号を入力してしまうといったことはありません。「第1章」「①」のように、連番の書式も選択できます。

● 連番を挿入する

1 連番を挿入したい位置にカーソルを置きます。

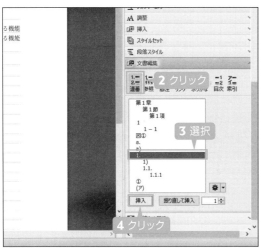

2 [文書編集] パレットの 連番 をクリックします。

3 連番の書式を選択します。

4 挿入 をクリックします。

MEMO

❖ [連番詳細設定]をクリックすると、一覧にない連番の書式を作成できます。

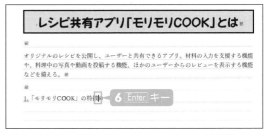

5 選択した書式の連番が挿入されます。

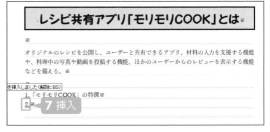

6 連番に続けて文字を入力し、Enter キーを押します。

7 改行され、自動で連番が挿入されます。

MEMO

連番の挿入直後に Back Space キーを押すと、連番を解除できます。

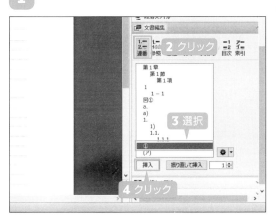

複数の段落にあとから連番を設定する

1 連番を挿入したい段落を範囲指定します。

2 [文書編集] パレットの 連番 をクリックします。

3 挿入したい書式を選択します。

4 挿入 をクリックします。

5 連番が挿入されます。

連番を振り直す

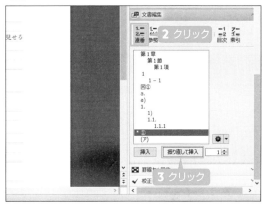

1 振り直したい連番を範囲指定します。

2 [文書編集] パレットの 連番 をクリックします。

3 振り直して挿入 をクリックします。

> **MEMO**
>
> 任意の数字から連番を振り直したいときは、振り直して挿入 の右の数値ボックスで値を変更します。

4 連番が振り直されます。

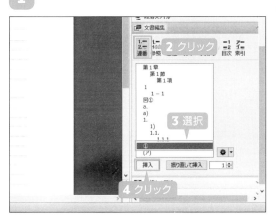

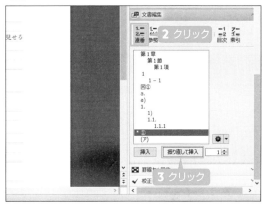

040 ブックマーク

ブックマークを登録してページを移動したい

メニュー▶ [挿入-ブックマーク-カーソル位置をブックマークに追加する]

ブックマークは、本のしおりのような機能です。しおりを挟んだページをさっと開くように、ブックマークを設定した文書内の特定の位置に、さっとジャンプできます。ブックマークは複数設定でき、ハイパーリンクの飛び先として利用することも可能です。

⬤ ブックマークを追加する

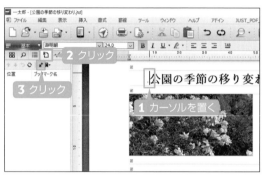

1 ブックマークを設定したい位置にカーソルを置きます。

2 ジャンプパレットを表示し、🗓 [ブックマーク]をクリックします。

3 🗓 [ブックマークを追加]をクリックします。
➡ ジャンプパレットの表示方法は 43 ページへ

4 ブックマークが追加されます。

MEMO

作成したブックマークを右クリックして[ブックマークの削除]を選択すると、ブックマークを削除できます。

⬤ ブックマークにジャンプする

1 ジャンプパレットの[ブックマーク]でジャンプしたいブックマークをクリックします。

2 カーソルがジャンプし、ブックマークした位置が画面の中央に表示されます。

🖐 HINT ブックマークをハイパーリンクとして挿入する

作成したブックマークを右クリックして[ハイパーリンクとして挿入]を選択すると開くダイアログボックスで、ブックマークを選択して[OK]をクリックすると、ブックマーク名を文字列としたハイパーリンクを挿入できます。

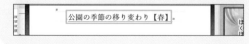

041 絵や写真の挿入
イラストや写真を挿入したい

メニュー ▶ [挿入－絵や写真－絵や写真の挿入] ／ ツールパレット ▶ [挿入]パレット

　一太郎にはイラストや写真、背景画像といった素材が多数用意されています。たとえば「猫」や「果物」など、使いたいイラストや写真が決まっているときは、それを手がかりにしてイラストや写真を検索すると、スピーディーに文書に挿入できるので便利です。

イラストや写真を挿入する

1 イラストや写真を挿入したい位置にカーソルを置きます。

2 [挿入]パレットの 絵や写真 をクリックします。

3 [イラスト]シートでカテゴリを選択します。

4 挿入したいイラストを選択します。

5 挿入 をクリックします。

MEMO

手持ちのイラストや写真を挿入したいときは、[フォルダーから]タブに切り替えて、挿入したいファイルを選択します。

6 イラストが挿入されます。四隅のハンドルをドラッグして、必要に応じてイラストの大きさを変更します。

HINT イラスト検索して挿入する

手順 3 で[検索]シートを選択すると、キーワードでイラストや写真などを検索して、文書に挿入することができます。挿入したいイラストや写真が決まっているときは、まず検索してみましょう。

042 写真フィルター

写真に効果を付けたい

ツールパレット ▶ ［画像枠の操作］パレット（枠操作ツールパレット）

「写真フィルター」の機能を利用すると、「白黒」「セピア」のほか、写真の趣を変える「薄もや」「夕さり」、ミニチュア写真のように見せる「ジオラマ」など、14種類の効果を付けられます。文書の内容やイメージに応じて、写真をアレンジしてみましょう。

● 写真に効果を付ける

1 効果を付けたい写真を選択します。

2 基本編集ツールパレットから、枠操作ツールパレットに自動的に切り替わります。

3 ［画像枠の操作］パレットの ［写真フィルター］ をクリックします。

MEMO

画像を右クリックし、［写真フィルター］を選択する方法もあります。

4 ［写真フィルター］ ダイアログボックスが開いて効果の一覧が表示されるので、かけたい効果のフィルターを選択します。

5 ［OK］ をクリックします。

6 写真に効果が適用されます。

HINT 写真を型抜きする

［画像の型抜き］ パレットでは、型で写真を切り抜くことができます。写真にフィルターで効果を付けて、さらに型抜きする、といった使い方ができます。

043 画像のデータサイズを縮小

画像のデータサイズを小さくしたい

メニュー▶[挿入−絵や写真−画像のデータサイズを縮小]／ツールパレット▶[画像枠の操作]パレット（枠操作ツールパレット）

　デジタルカメラで撮った写真など、画像のデータサイズが大きい場合には、画像枠の画像の解像度（dpi）を低くして、データサイズを小さくすることができます。文書内に複数の写真を挿入して、ファイルサイズが大きくなるときは、データサイズを小さくしてみましょう。

● 画像のデータサイズを縮小する

1 選択

2 切り替わる

4 選択

5 クリック

1　データサイズを縮小したい写真を選択します。

2　基本編集ツールパレットから、枠操作ツールパレットに自動的に切り替わります。

3 クリック

3　[画像枠の操作] パレットの 「データサイズを縮小」 をクリックします。

> **MEMO**
>
> 画像を右クリックし、[画像のデータサイズを縮小]を選択する方法もあります。

4　[画像のデータサイズを縮小] ダイアログボックスが開くので、[設定解像度] で解像度を選択します。

5　「OK」 をクリックすると、データサイズが縮小されます。

> **MEMO**
>
> 解像度(dpi)とは、画像の印刷品質を表す単位のことです。解像度が大きいほど画像の画質は良くなりますが、その分データサイズが大きくなります。解像度が小さいほど画像の画質は粗くなりますが、その分データサイズを小さくできます。

> **MEMO**
>
> 画像が粗くならない程度に解像度を小さくすれば、見た目の印象を損なわずにデータサイズを節約できます。なお、解像度を小さくしても画像枠のサイズは変わりません。

044 写真をまとめてレイアウト

複数の写真をきれいにレイアウトして挿入したい

メニュー ▶ [挿入−絵や写真−写真をまとめてレイアウト] ／ツールパレット ▶ [挿入]パレット

　複数の写真をまとめて文書に挿入したいときは、「写真をまとめてレイアウト」の機能を使うと便利です。写真とテンプレートを選択するだけで、文書内に写真を手早くきれいにレイアウトできます。並べる写真の順番を入れ替えたり、テンプレートを変更したりできます。

● 写真をまとめてレイアウトする

1 写真をまとめてレイアウトしたいページにカーソルを置きます。

2 [挿入] パレットの まとめて をクリックします。

3 [写真をまとめてレイアウト] ダイアログボックスと [絵や写真] ダイアログボックスが並んで表示されます。[絵や写真] ダイアログボックスで、レイアウトしたい写真を選択します。

4 追加 をクリックします。

5 一覧に写真が追加されます。

6 手順3 4 の操作を繰り返し、すべての写真を追加します。

7 写真を並べる をクリックします。

8 [写真をまとめてレイアウト] ダイアログボックスの [テンプレート] タブで、使いたいテンプレートを選択します。

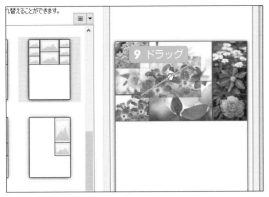

9 写真の並び順を入れ替えたい場合は、写真をドラッグします。

10 写真の並べ方が決まったら 挿入 をクリックします。

11 写真がまとめて貼り付けられます。

MEMO

ファイルサイズの大きい、解像度の高い写真をたくさん貼ると、編集・表示が遅くなったり、写真が正しく印刷できなかったりすることがあります。
▶ 画像のデータサイズを小さくする方法は 53 ページへ

HINT **方向・枚数を指定して並べる**

[写真をまとめてレイアウト] ダイアログボックスの [整列] タブでは、写真の最大枚数と列数（横方向に並べる枚数）を設定し、写真を並べて文書内に貼り付けられます。

045 POP文字

POP文字でタイトル文字を作成したい

メニュー▶[挿入－タイトル文字－POP文字]／ツールパレット▶[挿入]パレット

　商品のポップや掲示物、学級新聞など、目を引きたいタイトル文字の作成には、POP文字を利用するとよいでしょう。文字にフチ取りや影などの効果を付けられます。POP文字はオブジェクト枠として貼り付けられるので、移動やサイズ変更も簡単です。

● POP文字を作成する

1 POP文字を挿入したい位置にカーソルを置きます。

2 [挿入]パレットの [A][POP文字を作成]をクリックします。

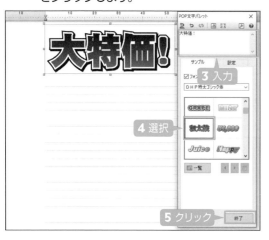

3 POP文字パレットが表示され、POP文字の枠が作成されるので、POP文字パレットの入力欄にタイトル文字を入力します。

4 サンプルの一覧から好みのデザインを選択します。

5 [終了]をクリックします。

MEMO

POP文字パレットの [設定]タブに切り替えると、文字色や効果の組み合わせを自由に変更できます。

6 POP文字が挿入されます。四隅のハンドルをドラッグして、必要に応じて大きさを変更します。

MEMO

POP文字の枠をダブルクリックするとPOP文字パレットが表示され、POP文字を再編集できます。

046 モジグラフィ

グラフィカルなタイトル文字を作成したい

メニュー ▶ [挿入−タイトル文字−モジグラフィ] ／ツールパレット ▶ [挿入]パレット

　ゆらぎや流れ、傾きなどの動きを付けたグラフィカルなタイトル文字を作成したいときは、モジグラフィを利用しましょう。モジグラフィの文字は、1文字ずつ図形として挿入されるので、あとから色や塗り方、透明度、サイズ、回転角度、位置をアレンジできます。

モジグラフィで文字を作成する

　1 カーソルを置く

1 モジグラフィの文字を挿入したい位置にカーソルを置きます。

　2 クリック

2 [挿入] パレットの [モジグラフィ] をクリックします。

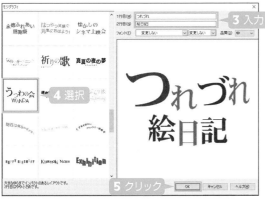

　3 入力
　4 選択
　5 クリック

3 [1行目][2行目] に、タイトルの文字をそれぞれ20文字以内で入力します。

4 サンプルの一覧から好みのデザインを選択します。

5 OK をクリックします。

MEMO

[フォント] のドロップダウンリストで、フォントの種類や塗りつぶしの色を変更することもできます。

　6 挿入

6 タイトル文字が挿入されます。四隅のハンドルをドラッグして、必要に応じて大きさを変更します。

➡ 花子2021で「モジグラフィ」を利用する方法は 184 ページへ

HINT モジグラフィの文字の操作

Shift キーを押したまま四隅のハンドルをドラッグすると、縦横比を保ったまま拡大・縮小できます。また、モジグラフィ全体の選択状態をいったん解除すると、1文字ずつばらばらの図形データとなります。文字全体を移動したり、拡大・縮小したりして調整したいときは Ctrl キーを押しながら、文字を1つずつクリックして選択し、合成しておくと便利です。

047 きまるフレーム

きまるフレームで整った枠を挿入したい

メニュー ▶ [挿入－きまるフレーム] ／ツールパレット ▶ [挿入]パレット

　ミニコラムや告知、日程表など定番の記載内容（フレーム）を簡単に挿入したいときは、「きまるフレーム」を利用すると便利です。あらかじめ登録されたフレームを呼び出し、必要に応じて文字を変更するだけで、見やすい文書を作成できます。

● きまるフレームを挿入する

1 きまるフレームを挿入したい位置にカーソルを置きます。

2 [挿入] パレットの 🔲 [きまるフレーム] をクリックします。

MEMO

「きまるフレーム」とは、文書によく使われる定番の記載内容（フレーム）を文書に呼び出せる機能です。「コラム」「告知」「申し込み」などの8つの用途別に、およそ200のフレームが用意されています。より伝えたい情報が際立つようあらかじめレイアウトされているので、上手に利用しましょう。
なお、フレームとは、文章、画像枠、レイアウト枠、表、簡易作図の図形などのデータの一つ一つ、またはその組み合わせのことを指します。

3 [きまるフレーム] ダイアログボックスが開くので、カテゴリを選択します。

4 挿入したいフレームを選択します。

5 挿入をクリックします。

6 きまるフレームが挿入されます。

7 日付など文字を変更して、必要に応じて位置も調整します。

きまるフレームを登録する

1 登録したい枠を文書内に作成したら、[挿入] パレットの ▦ [きまるフレーム] をクリックします。

> **MEMO**
>
> 登録したい枠の選択は解除しておきます。枠操作ツールパレットが表示されている場合は、枠の選択を解除して、基本編集ツールパレットに切り替えてください。

2 登録したい枠の枠線をクリックして、枠を選択します。

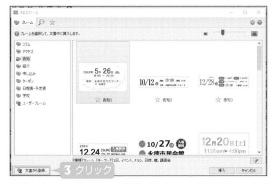

3 [きまるフレーム] ダイアログボックスに戻り、文書から登録 をクリックします。

4 フレームのタイトルを入力します。

5 OK をクリックします。

6 ユーザーフレームのカテゴリにフレームが登録されます。

登録したフレームを挿入する

1 [きまるフレーム] ダイアログボックスで登録したフレームを選択し、挿入 をクリックすると、ほかの文書でも利用できます。

048 簡易作図

長方形や円などの図形を描きたい

メニュー▶ [挿入－作図－簡易作図開始] /

　直線・長方形・円などの簡単な図形を描く簡易作図機能が用意されています。文書内にちょっとした図形を入れたいときに利用しましょう。通常の文字入力モードから、簡易作図モードに切り替えて描きます。

● 図形を描く

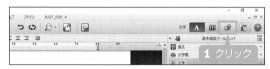

1 ツールバーの [簡易作図開始 / 終了] をクリックします。

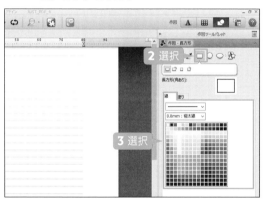

2 簡易作図モードになり、作図ツールパレットに切り替わります。作画したい図形（ここでは □ ［長方形］）を選択します。

3 ［線］タブで線の種類や太さ、色を選択します。

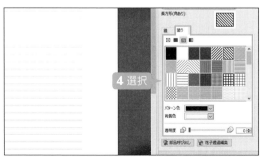

4 ［塗り］タブで塗り方と色を選択します。

MEMO
線や軌跡、矢印など、線で囲まれていない図形は塗りの設定ができません。

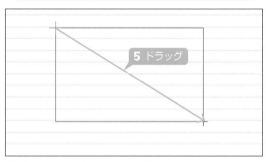

5 ドラッグして図形を描きます。

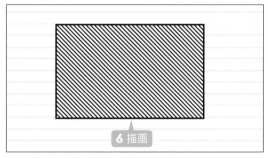

6 図形が描画されます。

● テンプレート図形を利用する

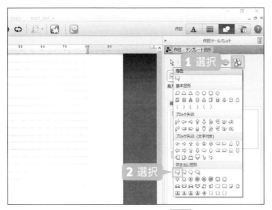

1 作図ツールパレットで、 [テンプレート図形] を選択します。

2 描画したい図形 (ここでは [長方形吹き出し]) を選択します。

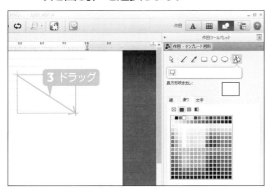

3 線や塗りの設定をしたらドラッグして長方形の部分を描き、マウスのボタンを離します。

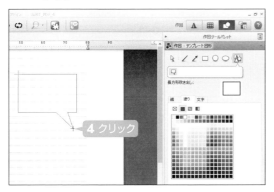

4 マウスを動かし、吹き出しの角の頂点にしたい位置でクリックします。

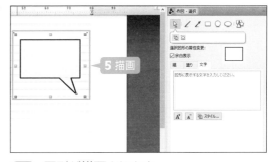

5 図形が描画されます。

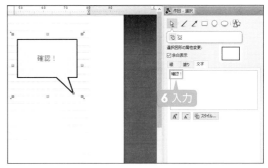

6 [文字] タブの入力欄に、吹き出しの中に表示したい文字を入力します。

7 [文字を大きく] を複数回クリックして、文字サイズを大きくします。

MEMO

[文字を大きく] または [文字を小さく] をクリックすると、クリックするたびに文字サイズを大きくしたり小さくしたりできます。

MEMO

簡易作図モードを終了するには、ツールバーの [簡易作図開始／終了] を再度クリックするか、 [文字入力] をクリックします。

049 枠の上下変更

枠の重なり順を変更したい

メニュー▶ [挿入-枠の操作・上下-枠の上下変更-最も前面へ移動～文字の背面へ移動]

　レイアウト枠や画像枠は、新しく作成したものが上に表示されるようになっています。この枠の上下の重なりは変更できます。最初に作成した枠を一番上に表示したい、というようなときは、重なり順を変えましょう。また、枠を文書内の文字の背面に配置することもできます。

● 枠を1つ下(上)に移動する

1. 枠を1つ下（または1つ上）に移動したい枠の枠線をクリックし、選択します。

2. コマンドバーに枠操作のアイコンが表示されるので、[1つ背面へ移動]（または[1つ前面へ移動]）をクリックします。

3. 枠が1つ背面（または1つ前面）に移動します。

> **MEMO**
>
> 枠が重なっている場合、枠の基準が同じものに対して、その中での上下位置を変更できます。[枠の基準]が[文字]の枠は上下関係を変更できません。また、[枠の基準]が[固定]の枠は、[行]の枠より常に上に配置されます。

● 枠を最も下(上)に移動する

1. 枠を最も下（または最も上）に移動したい枠の枠線をクリックし、選択します。

2. コマンドバーの [最も背面へ移動]（または [最も前面へ移動]）をクリックします。

3. 枠が最も背面（または最も前面）に移動します。

> **MEMO**
>
> 前面の枠で隠された背面の枠を選択したい場合は、前面の枠を背面に移動し、隠れた枠が見えるようにします。

枠を文字の背面に移動する

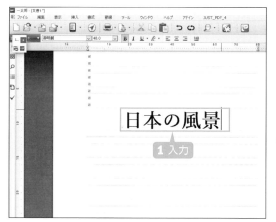

1 文字を入力します。

2 入力した文字の前面に、画像枠を挿入します。

MEMO

ここでは、枠の文字よけを[重ねて配置]にしています。

3 画像枠が選択された状態で、コマンドバーの ⬜ [文字の背面へ移動]をクリックします。

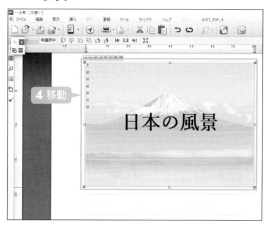

4 枠が文字の背面に表示されます。

MEMO

枠を文字の前面に戻したいときは、枠が選択された状態で、コマンドバーの ⬜ [文字の前面へ移動]をクリックします。

第1章 一太郎2021編

050 レイアウト枠

文書内にスタイルの異なる文章を入れたい

メニュー▶[挿入－レイアウト枠－作成]／ツールパレット▶[挿入]パレット

　文書内の一部のスタイルだけ縦書きにしたり、新聞や雑誌のような複雑なレイアウトの文書を作成したりしたいときは、文章を入れるレイアウト枠を作成しましょう。レイアウト枠ごとにスタイルを設定できるので、自由度の高いレイアウトを実現できます。

● レイアウト枠を作成する

1 レイアウト枠を挿入したい位置にカーソルを置き、[挿入]パレットの ⊞ [レイアウト枠（縦組）]または ⊞ [レイアウト枠（横組）]をクリックします。

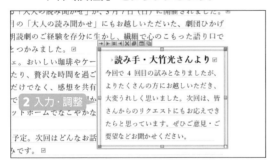

2 レイアウト枠が作成されるので、文字を入力して位置や大きさを調整します。

> **HINT メニューからレイアウト枠を挿入する**
>
> レイアウト枠はカーソルがある位置に挿入されます。最初に挿入されるサイズや大きさは指定できません。メニューの[挿入－レイアウト枠－作成]からレイアウト枠を作成する場合は、[レイアウト枠の作成]ダイアログボックスで枠の基準や枠のまわりの余白を調整した上で、始点から終点までドラッグすることでレイアウト枠のサイズや位置も指定できます。

● レイアウト枠に枠飾りを付ける

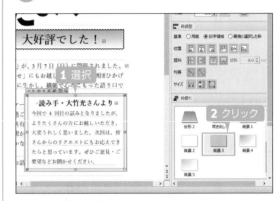

1 レイアウト枠の枠線をクリックし、レイアウト枠を選択します。

2 基本編集ツールパレットから、枠操作ツールパレットに自動的に切り替わったら、[枠飾り]パレットの一覧の中から適用したい枠飾りをクリックします。

3 枠飾りが適用されます。

> **MEMO**
>
> [レイアウト枠の操作]パレットの ⊞ 設定 をクリックすると、レイアウト枠に背景画像を適用できます。

051 文字サイズ

文字サイズを変更したい

メニュー▶[書式－文字サイズ－大きく／小さく] ／ 10.5(標準) ▽ ／ツールパレット▶[調整]パレット

　文字のサイズは、画面右の基本編集ツールパレットの[調整]パレットや、画面上部のコマンドバーで変更できます。[調整]パレットでは、画面上で文字サイズを確認しながら少しずつサイズを変えられます。コマンドバーでは、文字サイズを数値で指定できます。

● 文字サイズを少しずつ変更する

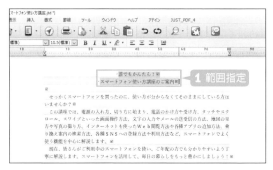

1 サイズを変えたい文字を範囲指定します。

2 [調整] パレットの [サイズ] の 🅰️ [文字サイズ大きく] または、🅰️ [文字サイズ小さく] をクリックします。クリックするたびに、文字サイズが少しずつ大きくなったり小さくなったりします。

> **MEMO**
>
> 元の文字サイズに戻したいときは、🅰️ [文字サイズ解除]をクリックします。

● 文字サイズを数値で指定する

1 サイズを変えたい文字を範囲指定します。

2 コマンドバーの 10.5(標準) ▽ [文字サイズポイント切替] の ▽ をクリックします。

3 表示されるサイズの一覧で、各サイズにマウスポインターを合わせると、範囲指定した文字列が、そのサイズのイメージで表示されます。クリックすると文字サイズが変更されます。

> **MEMO**
>
> 一覧にない文字サイズに変更したいときは、10.5(標準) ▽ [文字サイズポイント切替] に直接数値を入力します。また、右側の ▽ をクリックし、表示される一覧から [標準] を選択すると、元の文字サイズに戻せます。

052 フォント・飾り

フォントや文字飾りを設定したい

メニュー ▶ [書式－フォント・飾り－設定] [書式－文字飾り] ／ツールパレット ▶ [フォント・飾り] パレット

　フォントや文字飾りは、画面右の基本編集ツールパレットの [フォント・飾り] パレットや、画面上部のコマンドバーで変更できます。

● フォントを変更する

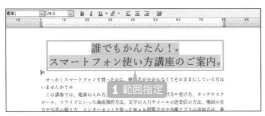

1 フォントを変えたい文字を範囲指定します。

2 [フォント・飾り] パレットの　F　 [フォント] をクリックします。

3 フォントのグループの右にある 🔽 をクリックします。

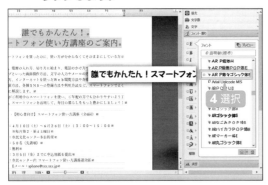

4 フォントの一覧が表示されるので、設定したいフォントを選択します。

　※表示されるフォントは、お使いのパソコンの環境によって異なります。

● 文字飾りを設定する

1 飾りを設定したい文字を範囲指定します。

2 [フォント・飾り] パレットで設定したい項目のアイコン（ここでは　A　 [塗りつぶし]）をクリックします。

3 設定したい塗りつぶしの種類や色を指定します。

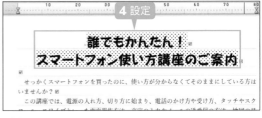

4 文字飾り（ここでは塗りつぶし）が設定されます。

HINT 飾りの設定をストックできる

[フォント・飾り] パレットで  をクリックすると、現在の飾りの設定が保存され、クリック操作で別の文字に同じ設定ができるようになります。また、 解除 をクリックすると、文字飾りの設定を解除できます。

053 ベース位置

文字の上下の位置をそろえたい

メニュー▶[書式－フォント・飾り－設定] [書式－段落属性－設定] ／ツールパレット▶[調整]パレット

　文字をそろえる基準となるベース位置には、行下／行中／行上（縦組の場合は行の左／中／右）があります。文書全体に同じベース位置が設定されていますが、段落や文字単位での変更も可能です。ここでは、同じ段落内にあるサイズの違う文字のベース位置を変更する方法を紹介します。

● 段落のベース位置を変更する

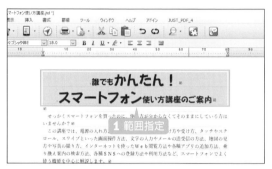

1 ベース位置を変更したい段落を範囲指定します。

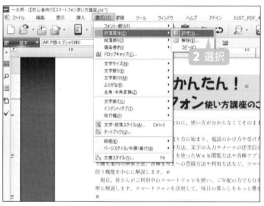

2 メニューの[書式－段落属性－設定]を選択します。

MEMO

範囲指定した文字を右クリックし、[段落属性]を選択してもかまいません。

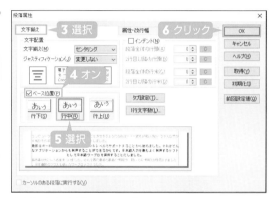

3 [文字揃え]タブを選択します。

4 [ベース位置]のチェックをオンにします。

5 ベース位置を選択します。ここでは[行中]を選択しています。

6 OK をクリックします。

7 ベース位置が変更されます。

HINT 文字ごとにベース位置のシフト量を変更する

文字列を範囲指定して、[調整]パレットの[位置]の [文字を上にずらす]または [文字を下にずらす]をクリックすると、ベース位置からのシフト量を10%ずつ変更できます。 [ベースシフト解除]をクリックすると、設定を解除できます。

054 UP! 個条書き

個条書きを設定したい

メニュー▶[書式－個条書き－文字記号／画像記号／段落番号]

　個々の項目に分けて書き並べる個条書きでは、文書の先頭に「●」や「・」などの記号、「1.」や「(ア)」などの番号を入れます。個条書きの機能を利用すれば、段落の先頭に記号や番号を簡単に挿入できます。個条書きを設定した段落で改行すると、自動的に記号や番号が挿入されます。

● あとから個条書きを設定する

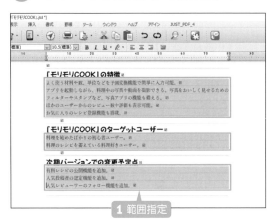

1 範囲指定

1 個条書きにしたい段落を範囲指定します。

MEMO

Ctrl キーを押しながら行の左側をドラッグすると、離れた段落も一度に範囲指定できます。

2 いずれかを選択

2 メニューの [書式－個条書き－文字記号] を選択し、表示される一覧の中から設定したいスタイルを選択します。

3 設定

3 個条書きが設定されます。

MEMO

手順 2 で、[画像記号]や [段落番号]を選ぶと、画像記号や番号の種類を選択できます。

HINT さまざまな画像記号を利用する UP!

一太郎 2021 では、○や□とチェックマークを組み合わせた画像記号なども利用できるようになりました。画像記号は、[書式－個条書き－設定] を選択すると開く [個条書き] ダイアログボックスで変更できます。

055 ドロップキャップ

段落や章の先頭の文字を大きくしたい

メニュー▶ [書式－ドロップキャップ]

　段落や章の先頭の文字を何行かにまたがるように拡大して強調する機能が「ドロップキャップ」です。雑誌などの誌面でドロップキャップのデザインを見ることもあります。ドロップキャップを使って文書にデザイン性を持たせ、センス良く仕上げましょう。

●ドロップキャップを設定する

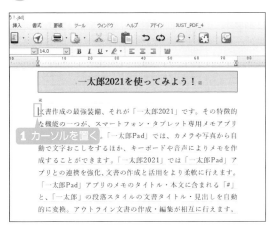

1 先頭文字を大きくしたい段落内にカーソルを置きます。

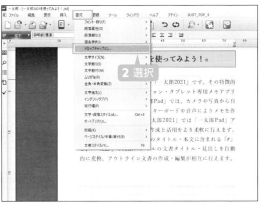

2 メニューの [書式－ドロップキャップ] を選択します。

MEMO

ふりがなや文字割付、連番の文字、スペース、タブなどはドロップキャップの対象となりません。

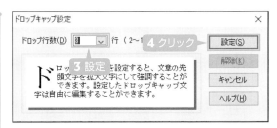

3 [ドロップ行数] で何行分にまたがる文字に拡大するかを設定します。

4 設定 をクリックします。

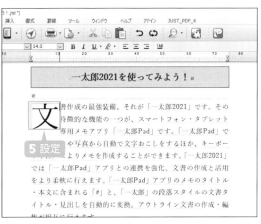

5 ドロップキャップが設定され、先頭文字が大きくなります。

MEMO

ドロップキャップを解除するには、ドロップキャップを設定した段落内にカーソルを置き、メニューの [書式－ドロップキャップ] を選択して、[ドロップキャップ設定]ダイアログボックスの 解除 をクリックします。

056 均等割付

文字を均等に割り付けたい

メニュー ▶ [書式－文字割付－均等割付] ／ツールパレット ▶ [調整] パレット

　個条書きや表の中で異なる文字数の文字を同じ幅にそろえたいときは、「均等割付」の機能を利用しましょう。スペースの挿入や字間の調整で文字をきれいにそろえられない場合も、均等割付を利用すると、指定する範囲内に文字を均等に配置できます。

● 均等割付を設定する

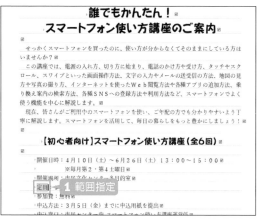

1 均等割付したい文字を範囲指定します。

2 [調整] パレットの [字間] の […] [均等割付] をクリックします。

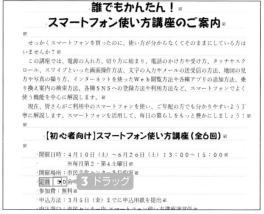

3 均等割付を設定したい範囲まで、文字の右側に表示された■マークをドラッグします。

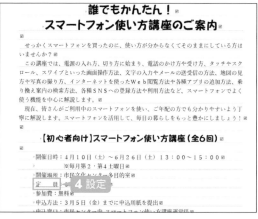

4 均等割付が設定され、指定した範囲内に文字が均等に配置されます。

> **MEMO**
>
> 均等割付が設定された文字を範囲指定し、[調整] パレットの […] [均等割付解除] をクリックすると、均等割付を解除できます。

057 ふりがな

ふりがなを設定したい

メニュー▶[書式－ふりがな－1単語の設定/変更]／ツールパレット▶[文書編集]パレット

　読みが難しい漢字や特定の単語に、ふりがなをふることができます。ふりがなを付ける位置やふりがなの文字サイズの設定もできます。ふりがなを設定する対象として小学校の学年ごとの学習レベルに応じたふりがなをふることも可能で、ターゲットに合わせた文書を作成できます。

● 特定の単語にふりがなをふる

1 ふりがなをふりたい単語を範囲指定します。

2 メニューの[書式－ふりがな－1単語の設定/変更]を選択します。

3 文字種やふり方などの書式を設定します。

4 [OK]をクリックします。

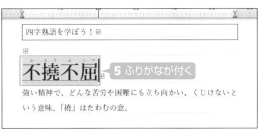

5 ふりがながふられます。

HINT 学習レベルに応じてふりがなをふる

メニューの[書式－ふりがな－すべての単語]を選択すると、[ふりがな－すべての単語]ダイアログボックスが開きます。ここで、[学年別漢字配当]をクリックすると、ふりがなをふる漢字の対象を指定できます。

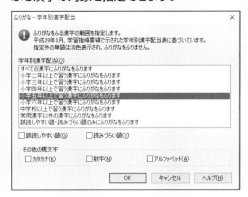

MEMO

段落など、文書の一部を範囲指定した状態で[書式－ふりがな－すべての単語]を選択すると、範囲指定した部分がふりがな設定の対象になります。

058 ふりがな

まとめてふりがなをふりたい

メニュー▶[書式－ふりがな－すべての単語]／ツールパレット▶[文書編集]パレット

　一太郎では、文書内のすべての単語に一括してふりがなを設定できます。学年別や、常用漢字以外を対象とするほか、「完遂」(かんすい)、「過ち」(あやまち) のように、常用漢字でも読み間違いやすい語や、一般的に使われるものの読みにくい語にもふりがなを設定できます。

● 文書全体にふりがなをふる

1 メニューの [書式－ふりがな－すべての単語] を選択します。

2 [ふりがな－すべての単語] ダイアログボックスが開き、[親文字一覧] に自動的に抽出された単語と、対応するふりがなが表示されます。

3 [文字種] で、[ひらがな] か [カタカナ] を選択します。

4 [ふり方] で、[モノルビにする] か [グループルビにする] を選択します。

MEMO

親文字の一文字ごとにふりがなをふる方法が「モノルビ」、単語全体に均等にふりがなをふる方法が「グループルビ」です。

5 [プレビュー] のチェックをオンにすると、[親文字一覧] の下に、挿入されるふりがなの状態が表示されます。

6 ふりがなを変えたい単語がある場合は[親文字一覧] で選択して、[ふりがな] の入力欄にふりがなを入力します。

7 設定できたら OK をクリックします。

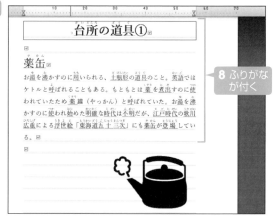

8 文書全体にふりがながふられます。

● 誤読しやすい語にも ふりがなをふる

1　メニューの［書式－ふりがな－すべての単語］を選択します。

2　[学年別漢字配当] をクリックします。

MEMO

次の手順 3 の［学年別漢字配当］で［誤読しやすい語・読みづらい語のみにふりがなをふります］を選択すると、誤読しやすい語、または読みづらい語のみにふりがなをふることができます。

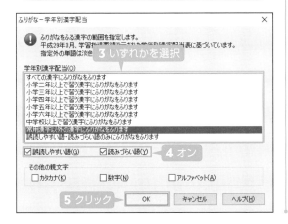

3　[学年別漢字配当] でふりがなをふる漢字の範囲を選択します。

4　[誤読しやすい語] または [読みづらい語] または両方のチェックをオンにします。

5　OK をクリックします。［ふりがな－すべての単語］ダイアログボックスに戻ったら OK をクリックします。

6　選択した範囲に加え、誤読しやすい語や読みづらい語、またはその両方にもふりがながふられます。

HINT　カタカナや アルファベットにもふる

［ふりがな - すべての単語］ダイアログボックスで 学年別漢字配当 をクリックし、［その他の文字種］でふりがなを設定したい文字種のチェックをオンにすると、ふりがなの設定対象に指定できます。

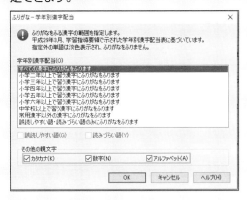

059 ふりがな

ふりがなの書式を変更したい

メニュー [書式－ふりがな－すべての単語]／**ツールパレット** ▶ [文書編集]パレット

　ふりがなは、文字サイズや文字色、フォントなどを変えることができます。たとえば文字サイズを大きくすることも可能です。また、親文字の後方に（ ）などの記号でくくって入れることもできます。目的に合わせて書式を設定しましょう。

● ふりがなの書式を設定する

1 メニューの [書式－ふりがな－すべての単語] を選択し、[ふりがな - すべての単語] ダイアログボックスが開いたら [書式] をクリックします。

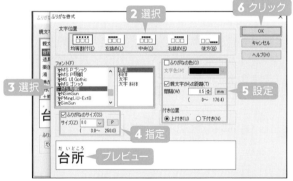

2 [ふりがな書式] ダイアログボックスが開きます。[文字位置] で文字位置を選択します。

3 [フォント] でフォントを選択します。選択するフォントによって太字や斜体を選択できます。

4 [ふりがなのサイズ] のチェックをオンにすると、任意のサイズを指定できます。

5 文字色や親文字からの距離、付ける位置なども設定できます。

6 プレビューで状態を確認しながら設定し、設定できたら [OK] をクリックします。

7 [ふりがな-すべての単語]ダイアログボックスに戻るので、[OK]をクリックします。

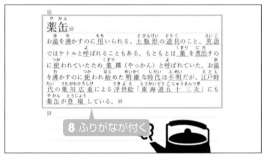

8 設定した書式でふりがながふられます。

MEMO

設定したふりがなを削除したいときは、削除したい文字列を範囲指定して、[書式－ふりがな－解除]を選択します。なお、[文字位置]を[後方]にして付けたふりがなは通常の文字列として挿入されるため、書式をそろえたり解除したりすることはできません。

060 全角・半角変換

文字を全角または半角に変換したい

メニュー ▶ [書式－全角・半角変換－全角に変換／半角に変換]

「ＡＴＯＫ」(全角)を「ATOK」(半角)のように、指定した範囲内の文字を全角から半角に変換したり、逆に半角から全角に変換したりできます。文書中で表記が混在しているときなどにさっと統一できます。カタカナや数字だけを全角や半角に統一することもできます。

● 文字を全角または半角にする

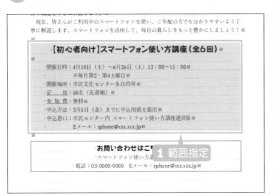

1 全角または半角にしたい文字を範囲指定します。

MEMO

文書内すべての文字を対象にしたい場合は、範囲指定せずに手順 **2** の操作に進んでください(HINT 参照)。

2 メニューの[書式－全角・半角変換]で[全角に変換]または[半角に変換]を選択します。ここでは[全角に変換]を選択します。

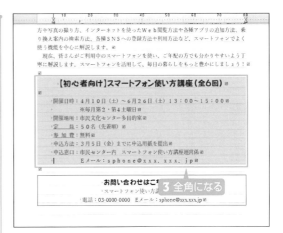

3 指定した範囲内の文字が半角または全角(ここでは全角)になります。

HINT 文書中のすべてのカタカナや数字を全角・半角にする

範囲指定せずに、メニューの[書式－全角・半角変換－一括変換]を選択すると、[全角・半角変換]ダイアログボックスが開きます。ここで、英文字や数字、カタカナなど、全角・半角にする対象の文字種を選択したり、特定の文字だけ変換の対象外に指定したりして、文書内の文字を一括で全角・半角に変換することもできます。

061 縦中横

縦書き文書で横向いた半角数字を縦向きにしたい

メニュー▶[書式－文字割付－縦中横／縦中横一括設定] ／ツールパレット▶[調整]パレット

　縦書きの文書では、半角で入力された数字やアルファベットが横向きで表示されることがあります。「縦中横」の機能を使えば、横向きで表示された半角数字を縦向きにできます。文書中の半角英数字に対し、一括で縦中横の設定を実行することも可能です。

● 任意の文字列に縦中横を設定する

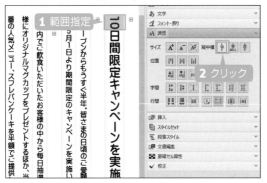

1 縦中横を設定したい文字列を範囲指定します。

2 [調整] パレットの [縦中横] の [縦中横] をクリックします。

MEMO

縦中横のアイコンは、横組み文書の編集画面では表示されません。

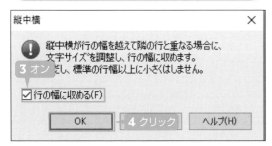

3 [縦中横] ダイアログボックスが開くので、文字の幅を調整して行の幅に収まるようにしたいときは [行の幅に収める] のチェックをオンにします。

4 OK をクリックします。

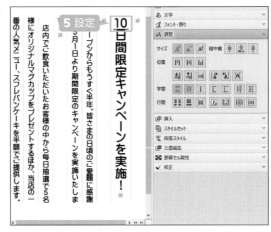

5 縦中横が設定されます。

HINT 一括で縦中横を設定する

縦中横にしたい文字を含むように範囲指定し、[調整] パレットの 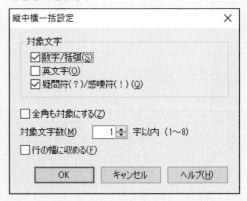 [縦中横一括設定] をクリックすると、[縦中横一括設定] ダイアログボックスが開きます。ここで、対象文字や対象文字数などを指定し、一括で縦中横を設定することもできます。

062　文字揃え／インデント

文字を中央や右にそろえたりインデントを設定したりしたい

メニュー▶[書式－文字揃え][書式－インデント/タブ] ／ 三 三 三 ／ ツールパレット▶[調整]パレット

　文字は通常左寄せで入力されます。タイトルは行の中央に入れたい、日付や署名などは行の右端に入れたいといったときには、文字揃えを設定します。また、少し行頭を下げたいときにはインデントを設定しましょう。

文字揃えを設定する

1　文字揃えを設定したい行にカーソルを置きます。

2　[調整]パレットの[位置]の 三 [センタリング]をクリックします。

3　文字が行の中央にそろいます。

MEMO

三 [左寄せ]で行の左に、三 [右寄せ]で行の右にそろいます。また、画面上部のコマンドバーにもアイコンが用意されています。

インデントを設定する

1　インデントを設定したい行にカーソルを置きます。

2　[調整]パレットの[位置]の 桁 [インデント1カラム右へ]をクリックします。

3　半角1文字分右に移動します。

MEMO

クリックするごとに半角1文字分ずつ右へ移動できます。桁 [インデント1カラム左へ]で少しずつ左に、三 [インデント解除]で解除できます。

063 改行幅／行取り

改行幅を設定したい

メニュー ▶ [書式−改行幅−広く／せまく] [書式−改行幅−行取り] ／ツールパレット ▶ [調整]パレット

　行間を広くしたり狭くしたりできます。ページからあふれる数行をページ内に収めたいときや、文字サイズを小さくした段落の行間を狭くしたいときなどに便利です。また、文中の見出しを本文の何行分取るかを設定する「行取り」機能もあります。

● 改行幅を調整する

1 行間を調整したい行の範囲を指定します。

2 [調整]パレットの[行間]の［改行幅広く］をクリックします。

3 行間が少し広がります。クリックするごとに、さらに行間を広げることができます。

> MEMO
> ［改行幅せまく］をクリックすると、行間が狭くなります。 ［改行幅解除］で解除できます。

● 行取りを設定する

1 行取りを設定したい行を範囲指定し、メニューの [書式−改行幅−行取り] を選択します。

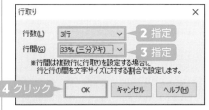

2 [行数] を指定します。[3 行] と指定すると、本文 3 行分の中央に配置されます。

3 [行間] を指定します。

4 OK をクリックします。

5 指定どおりの行取りが設定できます。

064 段組

段組を設定したい

メニュー ▶ ［書式－段組－設定］

1行の文字数が長くなりすぎると、文章が読みづらくなります。そんなときは、「段組」を設定して読みやすくしましょう。2段組から9段組までの設定が可能です。カーソル位置以降に段組が設定されるので、文書全体のほか、文書内の一部に段組を設定することができます。

● 段組を設定する

1 段組を開始したい行にカーソルを置きます。

2 メニューの［書式－段組－設定］を選択します。

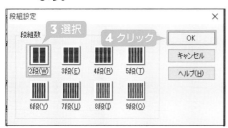

3 ［段組数］で［2段］を選択します。

4 ［OK］をクリックします。

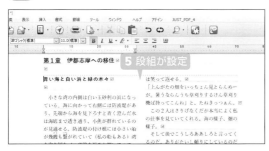

5 カーソル位置以降の行に段組が設定されます。

● 段の途中で改段する

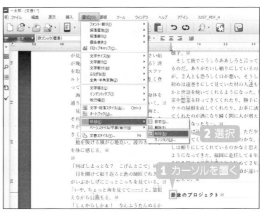

1 段の途中から次の段に文字を送りたいときは、送りたい文字の前にカーソルを置きます。

2 メニューの［書式－段組－改段］を選択します。

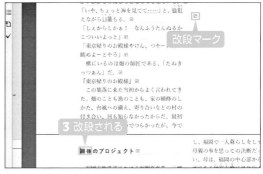

3 改段されます。

MEMO

［書式－段組－オプション］で、段間の幅や段間に罫線などを設定できます。

065 UP! 段落スタイル／スタイルセット

段落スタイルを設定してスタイルセットを設定したい

メニュー▶[書式-文字・段落スタイル]／ツールパレット▶[段落スタイル]パレット／[スタイルセット]パレット

　文書タイトル・見出しや本文など、文章の階層や種類に応じたスタイル「段落スタイル」を段落単位で設定することができます。また、段落スタイルを設定しておけば、用意されているスタイルセットを反映させて文書全体を統一感のあるデザインに仕上げることができます。一太郎2021ではフォントが「游明朝」「游ゴシック」中心に変更され、新しいスタイルセットが10点追加されています。

● 段落スタイルを設定する

1 段落スタイルを設定したい行にカーソルを置きます。

2 [段落スタイル]パレットの[大見出し]をクリックします。

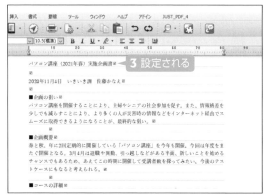

3 カーソルのある段落に[大見出し]の段落スタイルが設定されます。

MEMO

同じようにして、中見出しや日付・署名なども設定します。

● スタイルセットでデザインを設定する

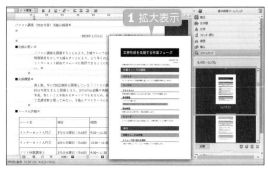

1 [スタイルセット]パレットのデザインの上にマウスポインターを重ねると、拡大表示してデザインを確認できます。

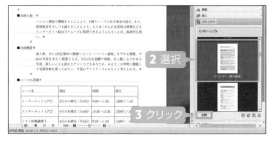

2 使いたいデザインを選択します。ここでは、[スカイ(教科書体)]を選択しています。

3 反映をクリックします。

MEMO

「(教科書体)」のスタイルセットは、一太郎2021プラチナ搭載のUDデジタル教科書体を使っています。そのため、フォントがない環境では別のフォントに置き換わります。

4 スタイルセットで選択したデザインが、文書に設定されました。

スタイルセット名のみを表示する

初期設定では、サムネイルの上にマウスポインターを重ねると拡大表示してデザインを確認できるようになっていますが、⊞ をクリックすると、スタイルセット名のみを表示することができます。スタイルセット名のみの表示にすると、一度にたくさんのスタイルセット名を確認できます。

スタイルセットのスタイルを調整する

1 変更したい段落スタイルが設定された段落にカーソルを置きます。

2 [段落スタイル]パレットの スタイル変更 をクリックします。

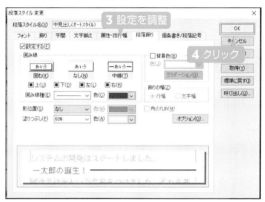

3 [段落スタイル変更] ダイアログボックスが開くので、設定を調整します。[フォント]タブではフォントの種類や文字サイズが、[飾り] タブでは文字色などが、[段落飾り] タブでは囲み罫などが変更できます。

4 設定できたら、 OK をクリックします。

5 同じ段落スタイルのスタイルをまとめて変更できます。

066 ページスタイル

特定のページだけスタイルを変えたい

メニュー ▶ [書式−ページスタイル /中扉 /奥付−ページスタイルの設定]

ページスタイルを使うと、特定のページだけ別の文書スタイルに変えることができます。A4縦置きの文書の中にA4横置きの添付資料のページを作ったり、表紙ページだけページ囲みの飾りを付けたりするときなどに便利です。

● 特定の範囲にページスタイルを設定する

1 ページスタイルを設定したい範囲を指定します。

2 メニューの[書式−ページスタイル / 中扉 / 奥付]から、ここでは[中扉の設定]を選択します。

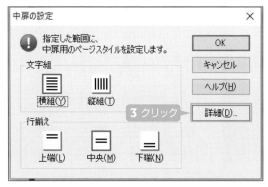

3 文字組と行揃えを設定し、詳細をクリックします。

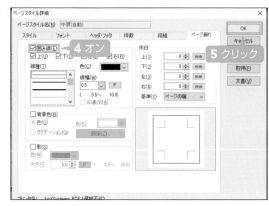

4 [ページ飾り]タブで[囲み線]のチェックをオンにします。[スタイル][フォント][ヘッダ・フッタ][体裁]の各タブも適宜設定します。

5 OK をクリックします。[中扉の設定]ダイアログボックスに戻るので OK をクリックします。

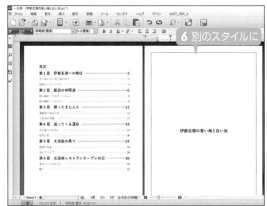

6 指定したこのページのみ、違うスタイルを設定することができました。

067 罫線

罫線で直線を引きたい

メニュー▶[罫線－罫線] ／ ⊞ ／ツールパレット▶[罫線]パレット(罫線モード)

　文書に垂直や水平の直線や四角の枠(矩形)を描くなど、自由自在に罫線を引くことができます。罫線を組み合わせて表を作成することも可能です。罫線は、通常の文字入力モードから、線を描くための罫線モードに切り替えます。まずは、直線を引く方法を紹介します。

● 罫線モードで直線を描く

1 ツールバーの ⊞ [罫線開始/終了]をクリックします。

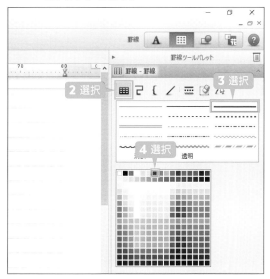

2 罫線モードになり、罫線ツールパレットに自動的に切り替わります。[罫線]パレットの ⊞ [罫線]を選択します。

3 線の種類を選択します。

4 線の色を選択します。

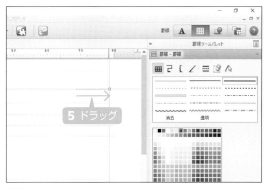

5 編集画面上で、線を引きたい位置をマウスでドラッグします。

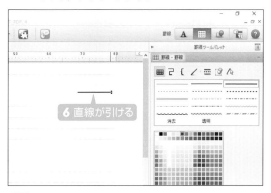

6 マウスボタンを離すと、直線を引けます。

MEMO

[罫線]パレットの ☑ [罫線消去]で罫線を消去できます。選択する[罫線の消去方法]によって、消去できる個所が異なります。

MEMO

ツールバーの ▲ [文字入力]をクリックすると罫線モードを終了し、文字入力モードに戻ります。

068 罫線

罫線で表を作成したい

メニュー▶[罫線-罫線] ／ 　⊞　 ／ツールパレット▶[罫線]パレット（罫線モード）

　罫線機能を利用すれば、手軽に表を作成できます。直線を引くのと同じ要領で斜め方向にドラッグすると四角形が描け、四角形を描くときに `Tab` キーを使えば複数の行や列のある表にできます。直線と同様、線の種類や色も自由に設定できます。

● 罫線モードで表を作成する

1 直線と同様に、ツールバーの ⊞ ［罫線開始 / 終了］をクリックして罫線モードにします。
➡ 罫線モードについては 83 ページへ

2 ［罫線］パレットの ⊞ ［罫線］を選択し、線の種類と色を選択します。

3 斜め方向にマウスをドラッグします。

4 マウスボタンを押したまま `Tab` キーを押します。

MEMO

`Tab` キーを押さずにマウスボタンを離すと、斜めの線を対角線とする四角形が描けます。

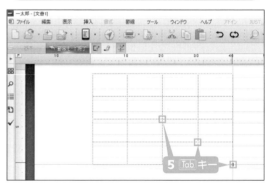

5 さらに右下方向にドラッグし、作りたい行数・列数に合わせて `Tab` キーを押していきます。

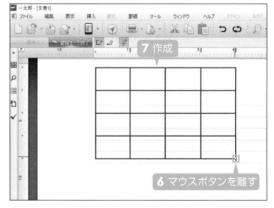

6 終了位置でマウスボタンを離します。

7 罫線表が作成されます。
➡ 罫線表を一覧から選んで作成する方法は 89 ページへ

069 罫線表

文字列から罫線表を作成したい

メニュー　[罫線－表作成－文字列]

すでに入力済みの文字列から、自動で罫線表を作成する方法があります。あらかじめ、タブやカンマ（,）で文字列を区切っておくと、データの区切りが正しく認識され、罫線で区切った表に仕上げられます。

文字列から表を作成する

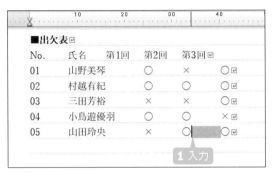

1 表にしたい見出しや数値の間に、Tab キーを押してタブを1つずつ入力します。

MEMO

データの区切りは、カンマ（,）を入力してもかまいません。

2 表にしたい行の範囲を指定します。

3 メニューの［罫線－表作成－文字列を罫線表に変換］を選択します。

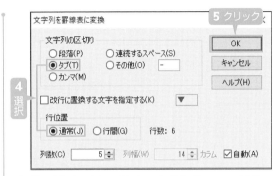

4 ［文字列を罫線表に変換］ダイアログボックスが開くので、［文字列の区切り］で［タブ］を、［行位置］で［通常］を選択します。

5 OK をクリックします。

6 指定した範囲の文字列と数値が罫線表に収まります。縦の罫線を左右にドラッグすると、表の幅を変更できます。

070 斜線

斜線を引きたい

メニュー ▶ [罫線－斜線] ／ ⊞ ／ツールパレット ▶ [罫線]パレット(罫線モード)

罫線機能では、水平・垂直の線のほか、斜線も引けます。斜線の始点や終点に矢印を付けることもできるので、文書内の位置を矢印で示したいときなどに利用できます。直線を引くときと同様、罫線モードに切り替えて斜線を引けます(83ページ参照)。

● 斜線を引く

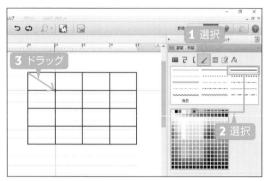

1. 罫線モードに切り替え、[罫線] パレットの ╱ [斜線] を選択します。

2. 線の種類と色を選択します。

3. 編集画面上で斜線を引きたい位置をドラッグします。

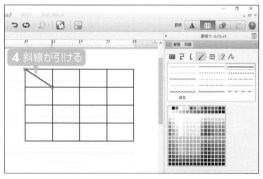

4. マウスボタンを離すと、斜線が引けます。

MEMO

[罫線] パレットの ⚲ [端点移動] を選択して端点をドラッグすると、始点や終点を移動できます。

● 矢印付きの斜線を引く

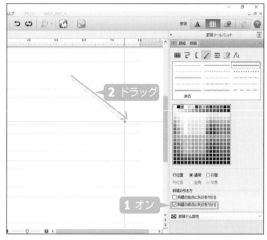

1. [罫線 - 斜線] パレットの [斜線の終点に矢印を付ける] (または [斜線の始点に矢印を付ける]) のチェックをオンにします。

2. 斜線を引きたい位置をドラッグします。

3. 終点 (または始点) に矢印が付きます。

MEMO

矢印を分かりやすく表示するために、上の画面は文字入力モードにしています。

071 括弧

括弧を描きたい

メニュー▶[罫線－括弧] ／ 🔲 ／ツールパレット▶[罫線]パレット（罫線モード）

手書きの文書で、複数行を囲む括弧を描くことがあるでしょう。罫線の[括弧]を利用すると、手書きと同じように括弧を描けます。個条書きした行を括弧でくくりたいときなどに利用しましょう。さらに、括弧の途中にブレス（突起）も付けらます。

● 括弧を描く

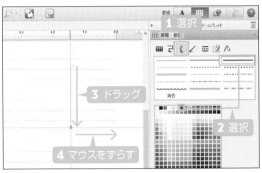

1 罫線モードに切り替え、[罫線] パレットの 【 [括弧] を選択します。

2 線の種類と色を選択します。

3 編集画面上で縦方向にドラッグします。

4 括弧を開きたい方向にマウスをずらします。

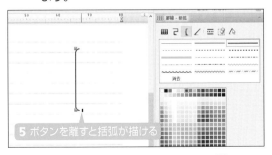

5 マウスボタンを離すと、括弧を描けます。手順 **4** で右方向にマウスをずらしたので、右側に開いた括弧になります。

MEMO

下方向や上方向に開いた括弧を描く場合も同様に、開きたい方向にマウスをずらします。

● ブレス付きの括弧を描く

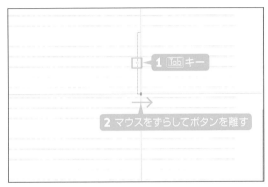

1 始点から終点へドラッグする途中、ブレスを付けたい位置で Tab キーを押します。

2 括弧を開きたい方向にマウスをずらしてマウスボタンを離します。

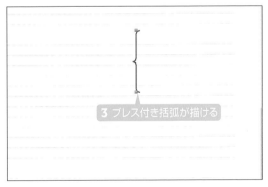

3 Tab キーを押した位置にブレスが付いた括弧が描けます。

MEMO

括弧の中央にブレスを付けたい場合は、[罫線 - 括弧]パレットの[括弧の中央にブレスを付ける]をオンにするか、マウスボタンを離すときに Shift + Tab キーを押します。

知っておくと便利な罫線の機能や操作

罫線を描く際には、[行位置] として [通常] または [行間] を選択できます。[通常] は、行の中央に引かれます。[行間] は、行と行の間に引かれます。なお、[通常] で文字の上に線を引くと、文字が削除されます。また、四角形の枠の角を面取りや、マウスの動きに沿って線を引く「軌跡」という引き方もあります。

通常罫線と行間罫線

・通常罫線

行の中央に罫線を引きます。

・行間罫線

行と行の間に罫線を引きます。

角の丸い四角形を描く

[罫線の角を面取りする] をオンにして四角形を描画すると、角の丸い四角形を描けます。また、四角形を描画する際に、Ctrl キーを押したままマウスボタンを離すことでも角丸にできます。

水平・垂直の軌跡を描く

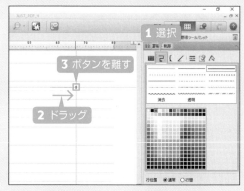

1 [罫線] パレットの [軌跡] を選択し、線の種類と色を選択します。

2 横方向にドラッグします。

3 線を曲げる位置で、いったんマウスボタンを離します。

4 次に線を引きたい位置までマウスカーソルを移動し、曲げる位置をクリックします。

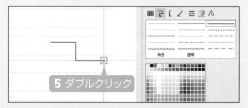

5 終点でダブルクリックすると、これまでの軌跡を確定できます。

072　表作成

一覧から選んで表を作成したい

メニュー ▶ [罫線−表作成−表作成]

　罫線表をさまざまなパターンの一覧から選び、行数や列数を指定して自動作成することができます。作成した表のマス目に、文字や数値を入力して表を完成させます。一覧表や月間予定表などの大きな表がさっと作成できます。

● 一覧表を作成する

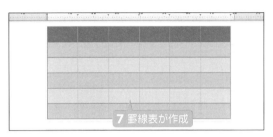

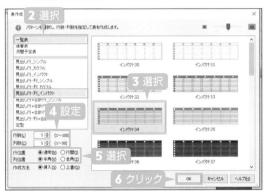

1 メニューの[罫線−表作成−表作成]を選択します。

2 表の種類を選択します。ここでは[一覧表]を選択しています。

3 デザインを選択します。ここでは[見出し行・列_インパクト]の[インパクト34]を選択しています。

4 表の[行数][列数]を設定します。

5 [行位置][列位置]を選択します。ここではそれぞれ[行間][半角]を選択しています。

6 OK をクリックします。

7 定型の罫線表が作成されました。表内に文字や数値を入力します。

HINT　連番表や月間予定表も選べる

一般的な一覧表だけでなく、連番やカレンダーがあらかじめ入力された表も用意されています。ランキングの表や、スケジュール表などを作成する際に便利に活用できます。

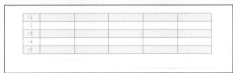

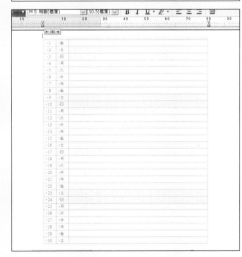

罫線

073 罫線セル属性

罫線で作った表の文字をそろえたい

メニュー▶[罫線－罫線セル操作]／ツールパレット▶[罫線セル属性]パレット

　罫線内の文字をセンタリングしたり均等割付したりできます。見出しの列と行はセンタリングし、データの数値は右揃えにするなど、表の体裁を整えられます。指定したセル（マス）に背景色を設定することも可能です。

● 文字揃えを設定する

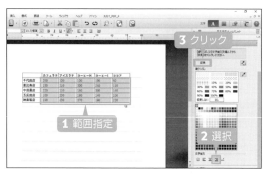

1 文字揃えを設定したいセルを範囲指定します。

2 [罫線セル属性]パレットの[文字揃え]で ≡ [右寄せ]を選択します。

3 反映 をクリックします。

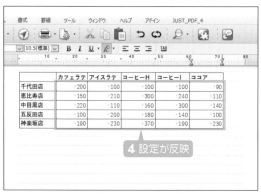

4 選択中のセルの文字が右寄せされます。

● 背景を設定する

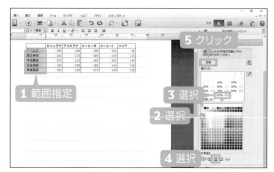

1 背景を設定したいセルを範囲指定します。

2 [罫線セル属性]パレットのカラーパレットから色を選択します。

3 塗りつぶしの濃度を選択します。

4 [文字揃え]で ≡ [センタリング]を選択します。

5 反映 をクリックします。

6 選択中のセルに背景が設定され、文字がセンタリングされます。

074 計算

表の値を計算したい

メニュー▶[罫線－表作成－計算]

　表に入力するデータには、テストの点数や商品の単価、発注数など、さまざまな値を入力することがあるでしょう。表の値の四則計算ができます。点数の合計や、商品の単価と発注数をかけた発注合計金額など、計算機能を利用しましょう。

● 合計を計算する

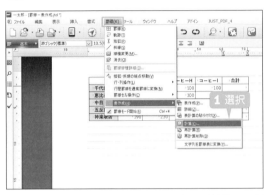

1 メニューの［罫線－表作成－計算］を選択します。

2 ［計算］ダイアログボックスが開くので、一覧から計算式を選択します。ここでは［合計］（# 合計＝Z）を選択しています。

3 必要に応じて［数字サイズ］や［カンマ］などを設定します。

4 ［OK］をクリックします。

MEMO

希望の計算式が一覧にない場合は、自分で式を入力することもできます。

5 表示されるメッセージに従って表内の各項目をクリックします。まずは合計の始点をクリックすると、終点を指定するようメッセージが表示されます。

6 終点をクリックすると、合計［Z］の始点と終点を指定するようメッセージが表示されます。

7 合計の始点をクリックします。

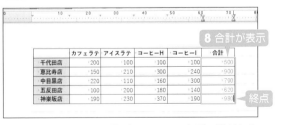

8 合計の終点を指定すると、合計が計算されて表示されます。

075 NEW 文書校正

ビジネス文を校正したい

メニュー ▶ [ツール－文書校正－文書校正の実行] ／ツールパレット ▶ [校正]パレット

　校正機能を利用すれば、作成した文書に誤字や脱字、表記の間違いがないかをチェックでき、文書精度を上げることができます。誤字脱字チェックのみ、公用文のチェックに適したものなど、文書の種類によって設定を選ぶことができます。一太郎2021では新たに、ビジネス文特有のよくある間違い・不適切な言い回しなどをチェックする機能が追加されました。

● 校正を実行する

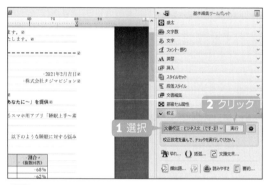

1 [校正] パレットの 文書校正 をクリックして、文書校正の種類を選択します。ここでは [ビジネス文 (です・ます)] を選択しています。

2 実行 をクリックします。[指摘表示] ダイアログボックスが開くので、確認して 閉じる をクリックします。

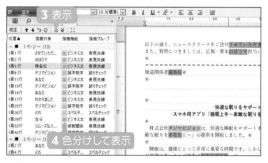

3 ジャンプパレットに指摘項目が一覧表示されます。

4 指摘の種類ごとに色が設定されており、編集画面の指摘個所も色分けして表示されます。

● 指摘個所を修正する

1 気になる指摘個所をジャンプパレットでクリックします。

2 指摘理由を確認し、置換候補をクリックします。自分で入力することもできます。

3 置換 をクリックします。

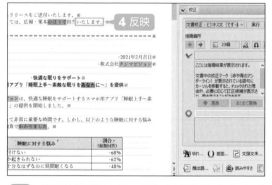

4 修正が反映され、正しい表現になります。

076 NEW 文書校正：前株・後株

「株式会社」の位置をチェックしたい

メニュー ▶ [ツール－文書校正] ／ツールパレット ▶ [校正]パレット

株式会社には、「株式会社○○○○」のような前株の社名と「○○○○株式会社」のような後株の社名があります。前株と後株の間違いは失礼であるだけでなく、契約などビジネスに支障を来す可能性があります。一太郎2021では上場企業を対象とし、「株式会社」の表記の位置をチェックできるようになりました。

● 前株後株の校正内容を確認する

1 [校正]パレットの ⚙ [オプション]をクリックします。

2 メニューから[文書校正の設定]を選択すると開くダイアログボックスで、[ビジネス文（です・ます）]を選択して[内容表示]をクリックします。

3 [用語基準]タブで[前株・後株]のチェックがオンになっていることを確認します。

4 [閉じる]をクリックします。

● 指摘個所を修正する

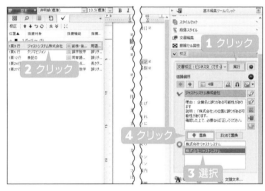

1 [実行]をクリックして、保存した設定で校正を実行します。[指摘表示]ダイアログボックスが開くので[閉じる]をクリックして閉じます。

2 ジャンプパレットに表示された指摘個所をクリックします。

3 置換候補を選択します。

4 ◆ 置換 をクリックします。

5 株式会社の位置が正しく修正されます。

077 文書校正：都道府県名

一定のルールに従って住所表記を校正したい

メニュー▶[ツール－文書校正] ／ツールパレット▶[校正]パレット

　住所表記は、政令指定都市や県庁所在地の都道府県名の省略など、細かな形式が決まっているものもあります。そうした細かなルールをふまえて、都道府県名の抜けなどを検出・訂正候補を提示できます。人に配布したり提出したりする文書作成で活用できます。

● 住所表記の校正内容を設定する

1 前ページと同様の手順で［文書校正の設定］画面を開き、［簡易（誤字脱字など）］を選択し、内容表示をクリックします。

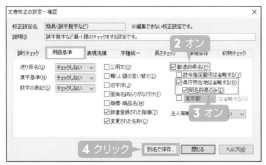

2 ［用語基準］タブで［都道府県名］のチェックをオンにします。

3 ［県庁所在地は省略する］と［同名府県のみ］のチェックをオンにします。

4 別名で保存をクリックし、名称や説明文を付けて設定を保存します。

● 指摘個所を修正する

1 実行をクリックして、先ほど保存した設定で校正を実行します。［指摘表示］ダイアログボックスが開くので閉じるをクリックして閉じます。

2 ジャンプパレットに表示された指摘個所をクリックします。

3 指摘された理由を確認し、置換候補を選択します。自分で入力することもできます。

4 置換をクリックすると、設定したルールどおりに置換されます。

078 文書校正：漢字基準

常用漢字にない漢字を含む単語を指摘したい

メニュー ▶ [ツール－文書校正] ／ツールパレット ▶ [校正] パレット

　より広い読者に向けた文書作成では、誰もが読みやすい文書であることが求められます。使う漢字にも気を配りたいものです。常用漢字表にない漢字を含む単語を指摘して訂正候補が示され、スムーズに修正を進められます。

● 常用漢字にない漢字をチェックする校正内容を設定する

1 前ページと同様の手順で [文書校正の設定－確認] ダイアログボックスを開きます。

2 [用語基準] タブの [漢字基準] で [常用漢字] を選択します。

3 [別名で保存] をクリックします。

● 指摘個所を修正する

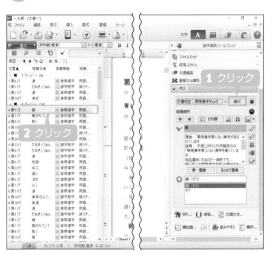

1 [実行] をクリックして、保存した設定で校正を実行します。[指摘表示] ダイアログボックスが開くので [閉じる] をクリックして閉じます。

2 ジャンプパレットに表示された指摘個所をクリックします。

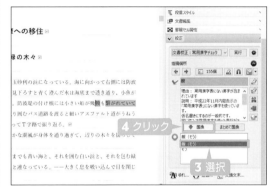

3 指摘された理由を確認し、置換候補を選択します。

4 [置換] をクリックします。

5 選択した置換候補に置換されます。

079 文書校正：表記ゆれ

表記ゆれをチェックしたい

メニュー ▶ [ツール－文書校正－表記ゆれ] ／ツールパレット ▶ [校正] パレット

「気付く」と「気づく」など、表記のゆれをチェックできます。文書を複数のシートに分けている場合も、シートをまたいで表記ゆれをチェックできます。結果のダイアログボックスでは、一覧の文字サイズを3段階で切り替えられます。

● 全シートを対象に 表記ゆれを確認

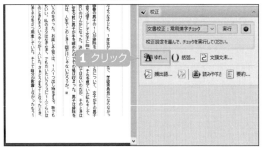

1 [校正] パレットの ゆれ... [文書校正（表記ゆれ）] をクリックします。

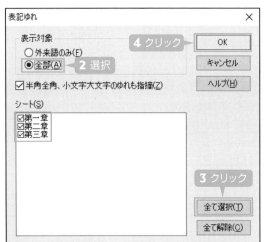

2 [表示対象] で [全部] を選択します。

3 対象にしたいシートを選択します。全て選択 をクリックすると、大量のシートがあってもワンクリックですべてを対象にできます。

4 OK をクリックします。

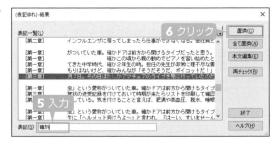

5 左側に表示されているのがシート名です。ゆれがある行を選択し、[表記] 欄に正しい表記を入力します。

6 置換 をクリックします。これで表記を修正できます。

> **MEMO**
>
> 本文編集 をクリックすると、直接本文を編集できます。F5 キーを押すと、ダイアログボックスに戻ります。

HINT 文字サイズを切り替えられる

[文字サイズ] をクリックすると、[ふつう] [やや大きめ] [大きめ]から文字サイズを選べます。

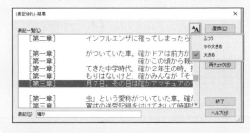

080　スペルチェック

英単語のスペルをチェックしたい

メニュー ▶ [ツール－スペルチェック] ／ツールパレット ▶ [校正] パレット

　文書中の英単語のつづりが間違っていないか、辞書に基づいてチェックすることができます。チェックに使う辞書は、英単語辞書と日本語名称辞書、英語チェック用ユーザー辞書の3つです。用途に合わせて辞書を切り替えることもできます。

● スペルチェックを実行する

1　[校正] パレットの [文書校正] をクリックして、リストから [スペルチェック] を選択します。

2　[実行] をクリックします。

3　[指摘表示] ダイアログボックスが開くので、確認して [閉じる] をクリックします。

MEMO

ジャンプパレットを利用しない場合は、[ジャンプパレットに一覧を表示する] のチェックをオフにします。

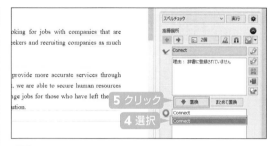

4　[校正] パレットで指摘理由を確認し、置換候補を選択します。自分で入力することもできます。

5　[置換] をクリックすると、置換されます。

MEMO

固有名詞など、修正の必要がない場合は [マークをクリア] か [以後無視] をクリックしてマークをクリアし、[次のマーク] をクリックして次の指摘個所にジャンプします。

HINT　チェック内容を設定する

[校正] パレットの [オプション] をクリックしてメニューの [スペルチェック設定] を選択すると開くダイアログボックスで、無視する単語やチェックする項目などを設定できます。

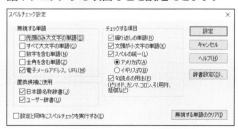

081 UP! テキスト補正

開いたPDFや画像のテキストを補正したい

メニュー ▶ [ツール−オプション−オプション]

PDFファイルや画像ファイルを、一太郎文書に変換して開くことができます（※）。しかし、PDFや画像の内容によっては、期待どおりの文字変換にならなかったり、不要な半角スペースが入ったりすることがあります。その場合、「テキスト補正」を実行することができます。

● テキスト補正を実行する設定にする

1. メニューの [ツール−オプション−オプション] を選択し、[グループ] で [ファイル操作−ファイル操作] を選択します。

2. [項目一覧] で [PDF 文書を開く時にテキスト補正を実行する] と [画像から変換して開く時にテキスト補正を実行する] を [する] にします。

3. OK をクリックします。
   ➡ PDF や画像ファイルを一太郎文書に変換して開く方法は 14 ページへ

MEMO

初めて一太郎文書に変換する際に開くダイアログボックスで はい をクリックすると、上記オプションで [PDF 文書を開く時にテキスト補正を実行する] が [する] の設定になります。

※「一太郎 2021 プラチナ」に搭載されている「JUST PDF 4［作成・編集・データ変換］」のインストールが必要です。

● テキスト補正を実行する

1. メニューの [ファイル−他形式の保存 / 開く− PDF 文書を開く] を選択し、ファイルを開きます。

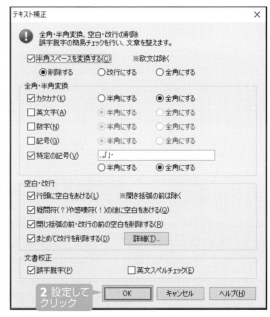

2. 適宜設定を変更し、OK をクリックします。設定内容でテキストが補正されて、一太郎文書として開きます。

082 文字数

文書の文字数を確認したい

ツールパレット ▶ [文字数]パレット

　論文や小説など、文字数を確認しながら執筆するときは、[文字数]パレットで確認できます。しかし、ツールパレットを閉じて画面を広く使いたいときもあるでしょう。文書の文字数はステータスラインにも表示されるので、ツールパレットを開かなくても確認できます。

● ステータスバーで文字数を確認

1 文字数が表示

1 画面下部のステータスバーに文字数が表示されているので、いつでも確認できます。

2 文字数と文字コードが表示

2 テキストファイルを開いた場合、文字数のほか、文字コードも表示されます。

● [文字数]パレットで文字数を確認

1 文字数が表示

1 [文字数]パレットを開くと、文字数が表示されます。

MEMO

🔄 [更新] 右の ▼ [更新間隔] をクリックすると、文字数の表示を更新する間隔を設定できます。

達成度を表示する

 [設定] をクリックすると開く [文字数パレットの設定] ダイアログボックスで、目標の文字数やページ数を設定できます。目標を設定すると、達成度がバーグラフと%で表示されます。

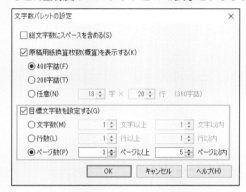

目標を設定できます。

達成度が表示されます。

083 添削

文書を添削したい

メニュー▶ [ツール－添削(赤入れ)－添削(赤入れ)開始]

通常の文字入力モードから添削(赤入れ)モードに切り替えて、元の文書を損なわないまま、文書を編集することができます。添削モードにすると、Delete キーや Back Space キーで削除した文字列には取消ラインが付き、入力した文字列にはアンダーラインが付きます。

添削を実行する

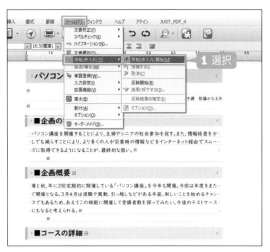

1 選択

1 メニューの [ツール－添削 (赤入れ) －添削 (赤入れ) 開始] を選択します。

2 表示

2 添削モードに切り替わるので、添削を開始します。添削内容は、文書右に吹き出しで表示されます。

MEMO

文字列の挿入や削除ではなく、文章に対して意見を書き込みたい場合は、コマンドバーの 指摘 をクリックし、内容を入力します。

添削者名や添削に使う色を設定する

1 クリック

1 添削オプション をクリックします。

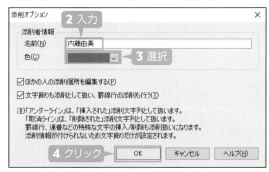

2 入力

3 選択

4 クリック

2 添削者情報の [名前] 欄に設定したい名前を入力します。

3 [色] で色を選択します。

4 OK をクリックします。

MEMO

初期設定では、一太郎のインストール時に自動で設定された使用者名が入力されています。

MEMO

複数人で添削する場合は、別の色に設定しておくと誰の添削かがひと目で分かります。

084 添削

添削した文書の指摘を反映／却下したい

メニュー ▶ [ツール－添削（赤入れ）－反映開始]

　添削内容を採用するか却下するかを選択したり、指摘を確認済みにするかしないかを選択したりして、文書に反映していきます。最終的に反映結果を確定させ、採用した添削文字列を通常の文字列として文書中に挿入したり、文書中から実際に削除したりします。

添削内容を反映する

1 メニューの [ツール－添削（赤入れ）－反映開始] を選択します。

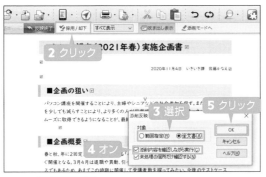

2 `採用／却下` をクリックします。

3 [添削反映] ダイアログボックスが開くので、[対象] を選択します。

4 [添削内容を確認しながら実行] のチェックをオンにします。

5 `OK` をクリックします。

6 現在選択されている添削個所に対する反映処理を選択します。添削を採用する場合は `添削採用` を、却下する場合は `添削却下` をクリックします。[指摘] の場合は `確認済み` をクリックします。

MEMO

処理を選択すると次の添削に進みます。すべての添削が終了したらその旨のダイアログボックスが開くので `確認` をクリックして閉じます。

7 `反映終了` をクリックします。

8 ダイアログボックスが開くので、`確定して終了` または `残して終了` をクリックします。

MEMO

`確定して終了` をクリックすると、採用した添削個所を文書に反映し、実際に文字列を挿入・削除します。却下した添削個所は削除されます。`残して終了` をクリックすると、添削文字列や指摘をそのままの状態で残します。以降も添削を続けたいときや、反映をやり直したりしたいときはこちらを選択します。

085 単語登録

文書内の単語を登録したい

メニュー ▶ [ツール－単語登録]

変換されにくい単語や特殊な読みの名前、長い単語、よく使うセンテンスなどを単語登録しておくと、入力の手間を少なくでき、素早く正確な入力が可能になります。忘れにくく、直感的にすぐ結び付くような読みで登録すると便利です。

● 単語を登録する

1 登録したい文字列を範囲指定します。

2 メニューの [ツール－単語登録] を選択します。

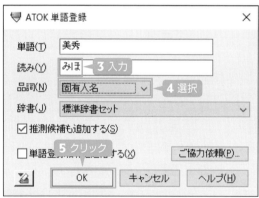

3 [読み] に読みを入力します。

4 [品詞] で品詞を選択します。

5 OK をクリックします。

● 登録した単語を入力する

1 登録した単語の読みを入力して Space キーを押します。

2 登録した単語に変換できます。
➡ ATOK については第 2 章へ

086 索引設定／索引作成

索引を作成したい

メニュー▶[ツール-目次/索引-索引設定][ツール-目次/索引-索引作成] ／ツールパレット▶[文書編集]パレット

　索引を自動的に作る機能が用意されています。あらかじめ索引にしたい用語を指定しておくだけで、自動的に索引を作ることができます。索引があれば、知りたい用語を簡単に調べることができるため、特に論文やマニュアルでは、索引は重要な役割を持っています。

● 索引にする語句を指定する

1 索引にしたい語句を範囲指定します。

2 [文書編集] パレットの [索引] をクリックします。

3 登録 をクリックします。

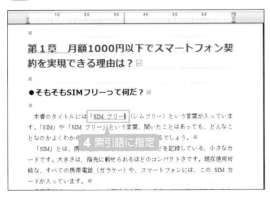

4 語句にアンダーラインが付き、索引語に指定されます。

MEMO

同様にして、索引にしたい語句を次々と登録していきます。

● 索引を作成する

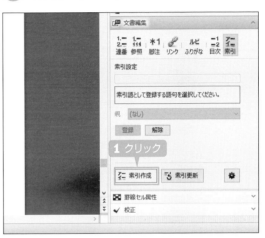

1 索引作成 をクリックします。

2 索引を作る位置をクリックすると、指定した位置に索引が作成されます。

MEMO

同じ単語を登録していても、作成時に1つにまとめることができます。

087 目次設定／目次作成／目次ギャラリー

目次を作成したい

メニュー▶[ツール−目次/索引−目次行設定/解除] [ツール−目次/索引−目次作成] ／ツールパレット▶[文書編集]パレット

目次として取り上げたい段落を目次行に指定することにより、目次を簡単に作ることができます。目次行の指定をしたあと、「目次作成」や「目次ギャラリー」を実行すると、自動的に目次が作られます。小説や論文などの長文の文書作成で役立ちます。

● 目次行を指定する

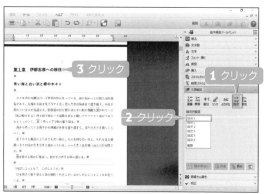

1 [文書編集] パレットの [目次] をクリックします。

2 [目次 1] をクリックします。

3 目次にしたい行をクリックします。

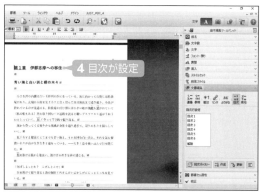

4 これで目次行が設定できました。同じように次々と目次行を設定していきます。必要に応じて [目次 2] も設定します。

● 目次を作成する

1 [作成] をクリックします。

2 [目次 1] タブの [目次にする] のチェックをオンにします。

3 必要に応じて[ページ番号位置]や[ページ番号種類] [リーダ]を設定します。

4 同様に [目次 2] タブの [目次にする]のチェックもオンにします。設定できたら OK をクリックします。

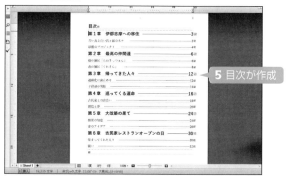

5 文書中で目次を挿入する位置をクリックすると、目次が作られます。

目次ギャラリーから選択して目次を作成する

1 目次行を設定したあと、 目次ギャラリー をクリックします。

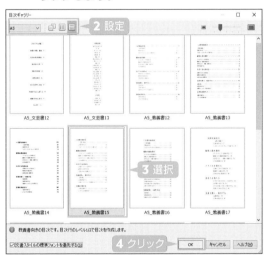

2 用紙サイズや縦書きか横書きかなどを設定します。

3 一覧から好みの目次デザインを選択します。

4 OK をクリックします。

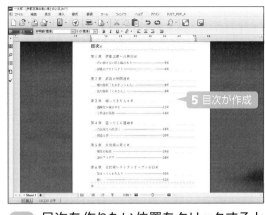

5 目次を作りたい位置をクリックすると、あらかじめ指定しておいた目次行を拾い出して、指定したデザインで目次が作られます。

目次を更新する

1 内容を編集してページが増減した場合は、 更新 をクリックします。

2 ページ番号が自動的に更新されます。

088 オーダーメイド

オーダーメイドで操作環境をカスタマイズしたい

メニュー▶ **[ツール−オーダーメイド]**

　自分の好みに合わせて画面や操作環境をカスタマイズできます。手早くオーダーできる「かんたんオーダー」、とことんこだわりたい人向けの「こだわりオーダー」があります。作成する文書に応じて切り替えてもよいでしょう。

● オーダーメイド画面を表示する

1 メニューの［ツール−オーダーメイド］を選択します。

2 ［かんたんオーダー］か［こだわりオーダー］かを選びます。

● かんたんオーダー

・使いこなし

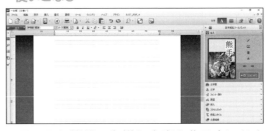

いろいろな機能で多様な文書を作る方におすすめです。初期設定では、「使いこなし」が設定されています。

・シンプル

ツールバーを縦型に配置するなど、編集画面を広く使えます。メニューは、基本機能に絞った「シンプルメニュー」になります。

・もの書き

バーやパレットを非表示にし、文章の入力や編集に集中しやすい画面です。小説などの執筆におすすめです。

・くっきり

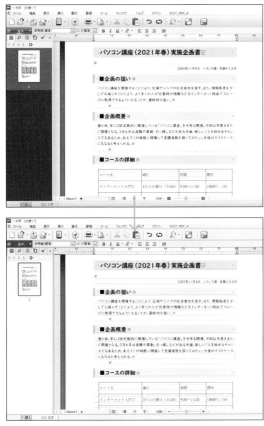

ツールバーや行間ラインなどのコントラストを
強めた画面デザインです。

こだわりオーダー

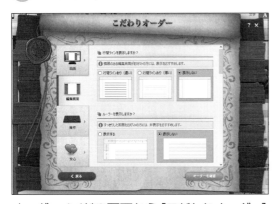

オーダーメイドの画面から［こだわりオーダー］
を選択すると、この画面が表示されます。好
みの設定を選んでいきます。

画面の背景にネームを入れる

1 こだわりオーダーの画面で［編集画面］
を選択します。

2 ［画面の背景を選びましょう］で、好み
の背景デザインを選択します。

3 ［ネームを入れる］を選択し、表示したい
名前を入力します。

4 オーダーを確認 をクリックします。

5 確認画面が表示されるので オーダーする
をクリックし、続いて OK をク
リックすると設定完了です。背景デザイ
ンが変更され、ネームが表示されます。

MEMO

設定しているオーダーメイドを取り消したい
ときは、［ツール－オーダーメイド］を選択
して、 初回起動時の設定に戻す をクリックします。

089 感太

感太を使ってことばや写真を挿入したい

メニュー▶[ツール−感太]／ツールパレット▶[感太]パレット

「感太」は、"心で感じて書くツール"です。四季や情景を写したさまざまなイメージ写真にことばが添えられています。イメージに合ったことばや写真を文書に挿入することができます。文書作成のイメージをふくらませたり、表現のヒントにしたりと、文書の幅を広げられます。

● ことばを挿入する

1 [感太] パレットの ◆∦もっと見る をクリックします。

2 感太が起動します。挿入したいカードの [ことばを挿入します] をクリックします。

3 カーソル位置に、ことばが挿入されます。

● 写真を挿入する

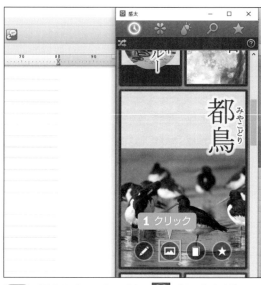

1 挿入したいカードの [写真を挿入します] をクリックします。

2 カーソル位置に、写真が挿入されます。

> **MEMO**
>
> 感太を終了するときは、右上の × [閉じる] をクリックします。

090 オプション

一太郎の機能をカスタマイズしたい

メニュー ▶ [ツール−オプション−オプション]

　一太郎の操作環境をカスタマイズできます。パソコンの性能に応じてリアルタイムプレビューを無効にしたり、好みに応じてハイパーリンクを自動設定しない設定に変更したりできます。手になじむ環境に設定しましょう。

● 設定を変更する

1 メニューの [ツール−オプション−オプション] を選択します。

2 左側の [グループ] で分類を選びます。

3 右側の項目一覧で変更する項目を選んで設定を変更し、OK をクリックします。

MEMO

一括設定 をクリックしてメニューから [初期値に戻す] を選択すると、すべての設定変更を解除してインストール直後の状態に戻せます。

● 変更した設定を確認する

1 [表示する項目] で [初期値から変更した項目] を選択します。

2 変更した項目を確認できます。

HINT　そのほかの項目を選ぶ

[表示する項目] で [一太郎2021で追加された項目] などを選択すると、新しく追加された項目を確認することができます。また、[項目を検索] を選択すると、キーワードで検索することができます。

091 上下に並べて表示／左右に並べて表示

複数の文書を上下や左右に並べたい

メニュー ▶ [ウィンドウ－上下に並べて表示] [ウィンドウ－左右に並べて表示]

　複数の文書ファイルを開いて、切り替えて編集することができます。資料を表示しながら別の文書を作成したり、新旧2つのバージョンの文書を比較したりしたいときは、開いた文書を上下や左右に並べて表示すると効率的です。

● 上下／左右に並べて表示する

1 メニューの [ウィンドウ－上下に並べて表示] を選択します。

2 開いているすべての文書が上下に並んで表示されます。

3 [ウィンドウ－左右に並べて表示] を選択すると、文書が左右に並んで表示されます。

元に戻すには

大きくしたいウィンドウの右上にある □ [最大化] をクリックすると、そのウィンドウが全面に表示されます。

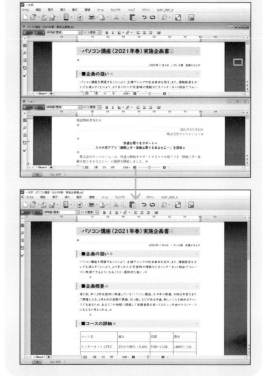

MEMO

ウィンドウの境界線をドラッグして、各ウィンドウを任意のサイズに変えることもできます。

092 ウィンドウの表示切り替え

複数開いている文書を切り替えたい

メニュー ▶ [ウィンドウ]

　□[新規作成] や□[開く] などから、一度に複数のファイルを開くことができます。現在開いているファイルは、[ウィンドウ] メニューを表示すると確認でき、複数のウィンドウを開いている場合、自由に切り替えられます。

● ウィンドウを切り替える

1 複数の文書ファイルを開いた状態でメニューの [ウィンドウー (開いている文書のファイル名)] を選択します。

2 選択したファイル名の文書が前面に表示されます。

 ショートカットキーで
次文書に切り替える

あらかじめ割り当てられている [Ctrl] + [Tab] キーを押すと、次の文書に切り替わります。たとえば A、B、C の文書が読み込まれている場合、[Ctrl] + [Tab] キーを押すたびに A → B → C → A というように、次々と文書を切り替えることができます。

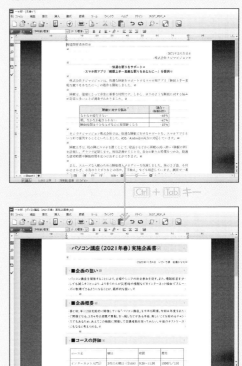

[Ctrl] + [Tab] キー

093 上下分割／左右分割

文書を上下や左右に分割して表示したい

メニュー▶[ウィンドウ－分割－上下分割／左右分割]

　1つの文書を、複数の画面に分けて表示することができます。長文の文書を扱っている場合など、離れた場所を同時に見たいときに利用すると便利です。画面の分割位置は、ドラッグして変更することもできます。

● 文書を上下に分割する

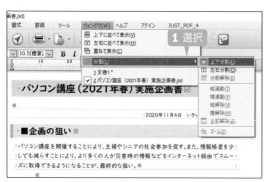

1 メニューの[ウィンドウ－分割]の[上下分割]または[左右分割]を選択します。ここでは[上下分割]を選択します。

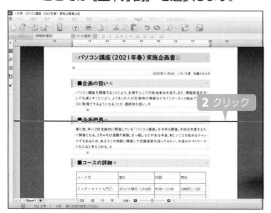

2 上下中央に参照線が表示されるので、分割したい位置をクリックします。

3 画面が上下2つに分割されます。

MEMO

分割した画面のスクロールをそろえたい場合は、[ウィンドウ－分割－縦連動／横連動]を選択します。

4 分割線をドラッグすると分割位置を変更できます。

MEMO

分割を解除するには、[ウィンドウ－分割－分割解除]を選択します。

094 一太郎のヘルプ

一太郎のヘルプを利用したい

メニュー ▶ [ヘルプ－一太郎のヘルプ] ／

操作方法や機能の内容が分からないなど、困ったときにはヘルプを活用しましょう。ヘルプ画面の[目次]や[キーワード]などのシートを切り替えて、操作方法を探したり、用語の意味を調べたりできます。

● 目次からたどる

1 ツールバーの右端にある [ヘルプ] をクリックします。

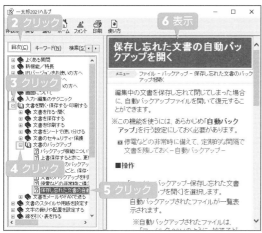

2 [目次] タブをクリックします。

3 知りたい内容の項目の左の **+** をクリックして展開します。クリックすると **－** に変わります。

4 さらに次の階層の項目の **+** をクリックして展開します。

5 目的の内容をクリックします。

6 右側に操作方法などの説明が表示されます。

● キーワードで調べる

1 [キーワード] タブをクリックします。

2 知りたい内容を入力します。

3 知りたい項目をダブルクリックします。

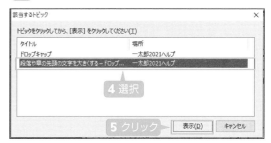

4 該当するトピックが表示されるので、知りたい項目を選択します。

5 表示 をクリックすると、ヘルプ画面の右側に操作方法などの説明が表示されます。

095 一太郎のマニュアル

一太郎のマニュアルを参照したい

メニュー ▶ [ヘルプ－一太郎のマニュアル]

マニュアルは、PDF形式で収録されています。PDF閲覧ソフトのしおり機能をうまく利用して、知りたい内容を効率的に探しましょう。一太郎からすぐに呼び出せるので、紙のマニュアルと異なり、なくしてしまう心配もありません。検索性にもすぐれています。

● マニュアルを参照する

1 メニューの [ヘルプ－一太郎のマニュアル] を選択します。

2 しおりが表示されていない場合は [しおり] をクリックして、しおりを開きます。

MEMO

一太郎のマニュアルは、既定のアプリに設定されている PDF 閲覧ソフトに読み込まれます。解説の PDF 閲覧ソフトは「JUST PDF 4 [編集]」です。ほかのソフトでは操作が異なる場合があります。
▶ JUST PDF 4[編集]については 208 ページ ～ 225 ページへ

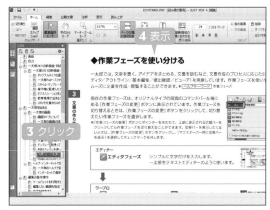

3 しおりの中から知りたい項目をクリックします。

4 画面にそのページの内容が表示されます。

HINT キーワードで検索する

Ctrl + F キーを押すと、簡易検索ボックスが開きます。ここにキーワードを入力して 次を検索 をクリックすると、その文字を含む画面に次々にジャンプできます。

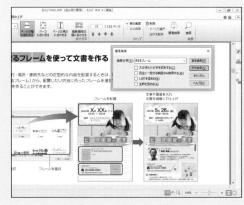

096　画面タイプの確認

画面タイプを確認したい

メニュー▶ ［ヘルプ－画面タイプの確認］

　画面タイプには「オリジナルタイプ」と「クラシックタイプ」があります。オリジナルタイプはシンプルで直感的な操作性を追求した画面、クラシックタイプは一太郎 2010 のユーザーインターフェイスを踏襲した画面です。

● 画面タイプを確認する

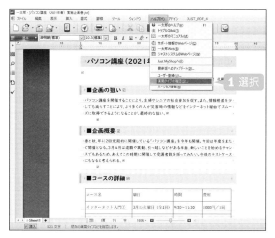

1 メニューの ［ヘルプ－画面タイプの確認］を選択します。

2 ［画面タイプの確認］ ダイアログボックスが開き、現在利用している画面タイプとメニューが表示されます。

HINT　画面タイプを切り替えるには

Windows のスタートボタンをクリックし、［JustSystems ツール＆ユーティリティ－JustSystems ツール＆ユーティリティ］を選択し、［一太郎］ から ［一太郎 2021 画面タイプ切替ツール］を選択します。開くダイアログボックスで画面タイプを選択します。メニューを切り替えるには、一太郎のメニューの［表示－補助］を選択し、使うメニューを選びます。

097 環境を元に戻すツール

インストール直後の状態に戻したい

メニュー▶[JustSystems ツール&ユーティリティ − JustSystems ツール&ユーティリティ]（Windowsのメニュー）

　カスタマイズしたメニューや変更した背景デザインなど、一太郎の設定をまとめてインストール直後の状態に戻すことができます。すべての設定を破棄して、最初から設定をやり直したいときなどに便利です。

● 一太郎の設定を元に戻す

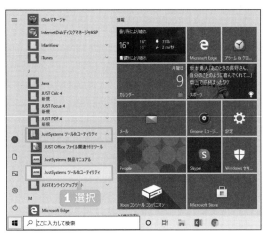

1 一太郎やジャストシステム製品が起動している場合は終了します。Windowsのスタートボタンをクリックし、[JustSystems ツール&ユーティリティ − JustSystems ツール&ユーティリティ]を選択します。

2 [商品共通−環境を元に戻すツール]を選択します。

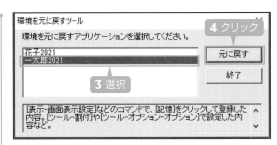

3 開く画面で[一太郎 2021]を選択します。

4 元に戻す をクリックします。

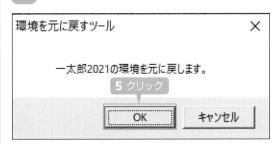

5 ダイアログボックスで OK をクリックします。次の画面でも OK をクリックします。

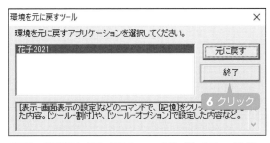

6 [環境を元に戻すツール]ダイアログボックスで 終了 をクリックします。

第2章 ▶ ATOK編

第2章では、ATOK for Windows 一太郎2021 Limited（以下、ATOK）の機能を、使い方別に解説しています。
「読みの分からない漢字を入力したい」「入力済みの誤った表現を訂正したい」
「いつもの長いフレーズを素早く入力したい」
など、やりたいことをキーワードに
ATOKのオン／オフの切り替えから、カタカナやアルファベットの入力、
候補ウィンドウの文字サイズの変更方法などを参照できます。

098 オン／オフ

ATOKのオン／オフを切り替えたい

ATOKで日本語を入力するには、ATOKをオン（有効）にする必要があります。ここでは、Windows 10 で ATOKのオン／オフを切り替える操作を説明します。なお、一太郎を起動すると、ATOKは自動的にオンになるので、すぐに日本語を入力できます。

● ATOKのオン／オフを切り替える

1 タスクバーの をクリックします。または「半角/全角」キーを押します。

2 ATOK がオンになり、表示が に切り替わります。もう一度クリックするか「半角/全角」キーを押すとオフになります。

MEMO

インストール時に ATOK を既定の言語に設定しなかった場合、Windows のスタートボタンをクリックし、[ATOK － ATOK を既定の言語に設定] を選択すると、既定の言語に設定できます。

HINT 日本語入力をATOKに切り替える

日本語入力システムが ATOK 以外になっている場合は、一太郎のメニューから [ツール－入力設定－日本語入力を ATOK にする] を選択してください。

HINT 一太郎以外のアプリケーションでATOKを使う

Word や Excel など、一太郎以外のアプリケーションで日本語入力を ATOK に切り替えたいときは、タスクバーの言語アイコン（ など）をクリックして、[ATOK for 一太郎 2021] を選択すると ATOK に切り替えられます。

目的の変換候補を選択して入力したい

　日本語には、読みが同じで意味の異なる言葉がたくさんあります。そのため、変換精度の高いATOKでも、一度の操作では正しく変換できない場合があります。そのようなときは、正しい候補を自分で選択することができます。ここでは、「完勝する」と入力する例を説明します。

正しい候補を選択して入力する

1 「かんしょうする」と読みを入力します。

2 Space キーを押すと「鑑賞する」に変換されます。

3 もう一度 Space キーを押すと、候補ウィンドウが開いて次の候補が選択されます。

MEMO

表示される候補の順番は、ATOK の学習状態によって異なります。

4 Space キーを押すと1つ下の候補、↑キーを押すと1つ上の候補を選択できます。このキー操作で目的の候補を選択します。

5 Enter キーを押して、選択した候補を確定します。

HINT 少し長めに入力すると正しく変換できる

ATOK は、入力された読みの意味を判断して変換します。このため、単語単位ではなく、ほかの文節も含めて少し長めの読みを入力すれば、正しく変換できる確率が高くなります。

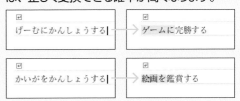

100 確定アンドゥ

確定直後に変換ミスを修正したい

確定した文字を確定前の状態に戻す「確定アンドゥ」という機能があります。確定したあとでミスに気付き、修正したいときに便利です。ここでは、「制帽を得る」→「声望を得る」に修正する例を説明します。

確定した文字を修正して再変換する

1 「せいぼうをえる」と入力します。

2 Space キーを押して「制帽を得る」と変換します。

3 Enter キーを押して確定します。

4 Ctrl + Back Space キーを押します。確定した文字が未確定状態に戻ります。

5 Space キーを押して候補ウィンドウを開き、「声望」を選択します。

6 Enter キーを押して「声望を得る」を確定します。

> **MEMO**
>
> Ctrl + Back Space キーを続けて押すと、確定した文字をさかのぼって未確定状態に戻せます。

101 再変換

確定した文字を再変換したい

確定済みの文字を未確定の状態に戻して変換し直すことができます。いちいち入力し直す手間がかかりません。文字を確定したあとで文章を読み返しているときなどに変換ミスに気付いたときに利用すると便利です。

● 確定済みの文字を再変換する

1 再変換したい文字を選択します。

2 Shift + 変換 キーを押します。文字が変換できる状態に戻って、変換候補が表示されます。

3 目的の候補を選択します。

4 Enter キーを押して確定します。

MEMO

再変換するには、アプリケーション側が再変換に対応している必要があります。一太郎以外のアプリケーションでも、再変換できる場合があります。

HINT 確定した文字をさかのぼって再変換する

文章を確定した直後であれば、Ctrl + Back Space キーを押して、確定した文字を順番にさかのぼって再変換することもできます（左ページ参照）。

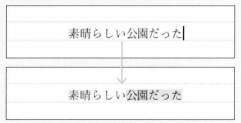

Ctrl + Back Space キーで確定した文字を順番にさかのぼって再変換できます。

102 カタカナ変換／英数変換

入力した文字をカタカナやアルファベットに変換したい

入力した読みはカタカナやアルファベットに変換することができます。カタカナは F7 キー、アルファベットは F10 キーを使います。ここでは「タオバオ」と「fintech」を入力する例を説明します。

● カタカナを入力する

たおばお| ◀ **1** 入力

1 「たおばお」と入力します。

タオバオ ◀ **2** F7 キーで変換

2 F7 キーを押すと「タオバオ」とカタカナに変換されます。

タオバオ ◀ **3** Enter キーで確定

3 Enter キーを押して確定します。

● アルファベットを入力する

ふぃんて ch| ◀ **1** 入力

1 F I N T E C H の順番にキーを押します。画面には「ふぃんて ch」と表示されます。

fintech ◀ **2** F10 キーで変換

2 F10 キーを押すと「fintech」とアルファベットに変換されます。

fintech ◀ **3** Enter キーで確定

3 Enter キーを押して確定します。

MEMO

Caps Lock キーを押して、英語入力モードに切り替える方法もあります。タスクバーのアイコン表示が あ から 英 に変わります。再度 Caps Lock キーを押すと、元の入力モードに戻ります。

HINT 入力中のファンクションキーの機能

読みを入力中の各ファンクションキーの機能は次のとおりです。

- F6 キー……ひらがな変換
- F7 キー……全角カタカナ変換
- F8 キー……半角カタカナ変換
- F9 キー……全角英数変換
- F10 キー……半角英数変換

103 推測候補

いつもの長いフレーズを素早く入力したい

メールの書き出しの挨拶や結びの一文は、いつも決まったフレーズを使うことが多いもの。数回同じ文章を入力・確定すると、句読点で区切られている長めのフレーズも、ATOKが学習します。数文字入力すると推測候補として表示されるようになり、スピーディーな入力を実現します。

推測候補の文章を入力する

1 「おつかれ」と入力します。

2 過去に「おつかれ」から入力して確定した言葉や文章が、推測候補として表示されます。

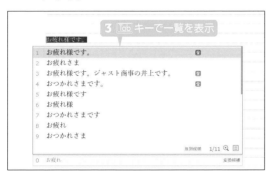

3 Tab キーを押して、推測候補の一覧を選択できる状態にします。

4 Space キーを押して、「お疲れ様です。ジャスト商事の井上です。」を選択します。

5 Enter キーを押して、文章を確定します。

HINT 先頭の推測候補は Shift + Enter キー

入力したい候補が先頭に表示された場合は、Shift + Enter キーを押すと、すぐにその候補を入力できます。

HINT 表示される推測候補は変化する

推測候補として表示される言葉や文章は、過去に入力した言葉によって変化します。本文の例であれば、「お疲れ様です。」「ジャスト商事の」「井上です。」といった短い文章を何度か入力・確定した結果、「お疲れ様です。ジャスト商事の井上です。」という一続きの文章として記憶され、推測候補として表示されるようになります。

MEMO

確定履歴を使用する機能がオンのときに有効です(初期設定ではオン)。メニューの[ツールー入力設定ー入力モード設定]を選択すると開く[ATOKプロパティ]ダイアログボックスの[入力・変換]タブで[推測変換ー確定履歴]を選択し、オン/オフを切り替えられます。

104 連想変換

別の言い回しに表現を変えたい

　変換した言葉と意味の似ている別の言葉に変換する「連想変換」という機能が用意されています。文章を入力するとき、よりよい表現が見つからなかったり、別の表現に変えたりしたいときに便利な機能です。

● 「易しい」の別の表現を入力する

1 「やさしい」と入力します。

2 [Space]キーを押して変換します。

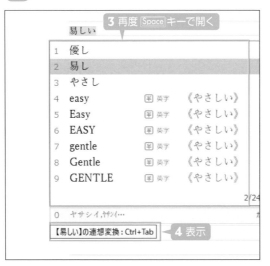

3 もう一度、[Space]キーを押して候補ウィンドウを開きます。「易しい」を選択します。

4 左下に「【易しい】の連想変換：Ctrl＋Tab」と表示されます。

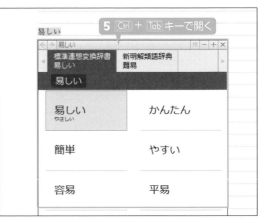

5 [Ctrl]＋[Tab]キーを押すと、連想変換の候補が表示されます。

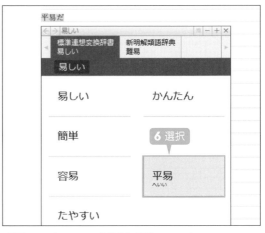

6 入力したい候補を選択します。

7 [Enter]キーを押して確定します。

105 漢字絞り込み変換

漢字1文字を絞り込んで入力したい

　人名や地名などの固有名詞を口頭で伝えるとき、「夏目漱石の"そう"」「司馬遼太郎の"りょう"」のように説明することがあります。これと同じ要領で漢字1文字を絞り込んで入力する機能が用意されています。

● 夏目漱石の「漱」を入力する

1 「なつめそうせきのそう」とフレーズを入力します。

2 推測候補に「漱《夏目漱石の漱》」と表示されます。

3 Shift + Enter キーを押して「漱」を確定します。

MEMO

推測変換の［特定のフレーズにあてはまる漢字を表示する］と［複数文節からなる候補を追加する］がオンの場合に有効です（初期設定ではオン）。メニューの［ツール－入力設定－入力モード設定］を選択すると開く［ATOK プロパティ］ダイアログボックスの［入力・変換］タブで［推測変換－追加する候補］を選択し、オン／オフを切り替えられます。

🖐 HINT　さまざまな絞り込み

そのほかにも、「旧字体の○○」「○○へんの○○」のようなフレーズから、目的の漢字に絞り込んで入力することができます。

単漢字を絞り込み。「けごんのごん」（華厳の"ごん"）で「厳」を入力できます。

旧字体を絞り込み。「きゅうじたいのがく」（旧字体の"がく"）で「學」を入力できます。

部首名から絞り込み。「おおざとのな」（おおざとの"な"）で「那」を入力できます。

106 変換モードー複合語変換

人名・地名だけを連続して入力したい

　同じ読みで人名と地名などの複数の変換候補がある場合、人名や地名を優先的に変換するモードが用意されています。連続して人名を入力する顧客名簿や、地名を入力する住所録などを作成したいときに活用すると便利です。

● 人名優先で入力する

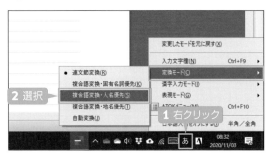

1　タスクバーの あ を右クリックしてメニューを開きます。

2　[変換モード] の [複合語変換・人名優先]を選択します。

かたより| ◀ 3 入力

3　「かたより」と読みを入力します。

片寄 ◀ 4 Space キーで変換

4　Space キーを押して変換すると、姓の「片寄」に変換されます。なお、通常の連文節変換モードで変換すると「偏り」と変換されます。

MEMO

変換結果は ATOK の学習状態によって異なります。

● 地名優先で入力する

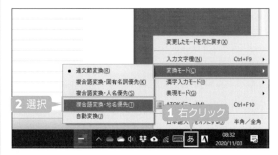

1　タスクバーの あ を右クリックしてメニューを開きます。

2　[変換モード] の [複合語変換・地名優先]を選択します。

さんじょう| ◀ 3 入力

3　「さんじょう」と読みを入力します。

三条 ◀ 4 Space キーで変換

4　Space キーを押して変換すると「三条」に変換されます。なお、通常の連文節変換モードで変換すると「参上」と変換されます。

 通常は
「連文節変換」モード

再び通常の文章を入力するには、タスクバーの あ を右クリックしてメニューを開き、[変換モード] の [連文節変換] を選択してください。

チャットで話し言葉を優先的に入力したい

「言っちゃった」「さむーっ」などの話し言葉をスムーズに変換できるモードが用意されています。
関西弁や九州弁などの方言に適したモードも利用できます。友人とのチャットなどで利用すると
スムーズに変換できます。

● 話し言葉を入力する

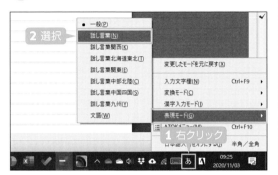

1 タスクバーの あ を右クリックしてメ
ニューを開きます。

2 [表現モード]の[話し言葉]を選択し
ます。

3 話し言葉の読みを入力します。

4 [Space]キーを押して変換します。

5 [Enter]キーを押して確定します。

 一般モードの場合は?

一般モードの場合は「食べる会」と変換され
ます。このように、話し言葉モードでは、入力
された言葉が話し言葉であるという前提で変
換が行われます。

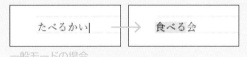

一般モードの場合。

 方言での変換

[表現モード]のサブメニューでは、方言を正
しく変換できるモードに切り替えられます。
また、[文語]を選択すると、「天の原ふりさけ
みれば春日なる」などの文語を適切に変換で
きます。

● 話し言葉関西
例:めっちゃ高いねん／そんなん聞いてへんで／
　見えへんやんか
● 話し言葉北海道東北
例:湯っこさ入るべか／一緒に行がねが／
　待っててけろ
● 話し言葉関東
例:行くべー／高かっぺ／あおなじみ
● 話し言葉中部北陸
例:ケッタで行こまい／明日休みだもんで／
　がんばりまっし
● 話し言葉中国四国
例:食べてみんさい／じゃけえねえ／
　どこ行っきょん
● 話し言葉九州
例:今日もよか天気ばい／何ばしよっと／
　はよ起きらんね

127

108 単語登録

長い単語を短い読みで入力したい

メニュー ▶ [ツール－単語登録] ／ショートカット→ Ctrl + F7

　長い組織名などは、略称の呼び名で単語登録しておくと、効率的かつ正確に変換できるようになります。ここでは、「情報通信研究機構」(※)を「にくと」という読みで登録する例を説明します。
※ NICT (National Institute of Information and Communications Technology)

● 単語を短い読みで登録する

1 登録する言葉を選択します。

2 一太郎の場合、メニューの [ツール－単語登録] を選択します。または Ctrl + F7 キーを押します。

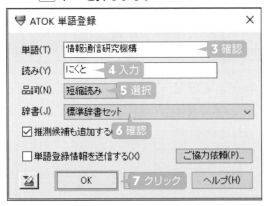

3 選択した言葉が [単語] に設定されていることを確認します。

4 [読み] を入力します。ここでは「にくと」と入力します。

5 [品詞]で品詞を指定します。ここでは「短縮読み」を選択します。

6 [辞書] は「標準辞書セット」のままにします。

7 OK をクリックします。これで単語が登録されてダイアログボックスが閉じます。

● 登録した単語を入力する

1 登録した読みを入力します。

2 Space キーを押して変換すると、登録した単語に変換できます。

 **登録した単語を削除する**

登録した単語が不要になったら、削除できます。削除するには、読みを入力して Space キーで変換した状態で Ctrl + Delete キーを押します。確認メッセージが表示されたら、はい をクリックしてください。

109 お気に入り文書

メールの署名などの定型文を登録して素早く入力したい

メニュー　[ツール－入力設定－日本語入力のメニュー－お気に入り文書]

「お気に入り文書」を利用すると、メールの署名のような複数の行から構成された文章を登録し、素早く入力することができます。ここでは、「お気に入り文書」に文章を登録する方法と挿入する方法を説明します。

● お気に入り文書を登録する

1 一太郎のメニューから［ツール－入力設定－日本語入力のメニュー－お気に入り文書］を選択します。

> **MEMO**
>
> タスクバーの あ を右クリックして、[ATOKメニュー－お気に入り文書] を選択する方法もあります。

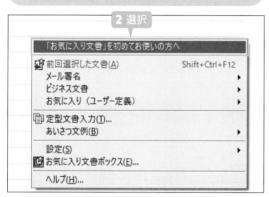

2 [「お気に入り文書」を初めてお使いの方へ] を選択します。

3 次へ をクリックします。

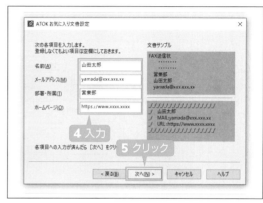

4 [名前][メールアドレス][部署・所属][ホームページ]に必要な情報を入力します。

5 次へ をクリックします。

6 閉じる をクリックします。

● お気に入り文書を利用する

1 メニューから[ツール－入力設定－日本語入力のメニュー－お気に入り文書]を選択してメニューを開いたら、[メール署名]を選択し、挿入したいメール署名を選択します。

110 手書き文字入力

読みの分からない漢字を入力したい

メニュー▶[ツール-入力設定-日本語入力のメニュー-手書き文字入力] ／ツールパレット▶[文字]パレット

　入力作業では、変換したい言葉の読みが分からないと入力できません。たとえば、「鯒」という単語を入力する場合、読みが分かれば問題なく入力できますが、分からないと困ってしまいます。そのような場合は、手書きで漢字を直接書いて入力する方法があります。

● 手書きで漢字を入力する

1 [文字] パレットの🈁をクリックします。

2 🖊をクリックします。

3 手書き文字入力が起動するので、マウスのドラッグまたは指やタッチペンを使って漢字を直接書きます。

4 書き進めると、漢字の候補が徐々に絞り込まれていきます。

5 漢字にマウスポインターを合わせると、読みや画数などの情報を確認できます。

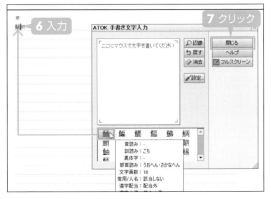

6 漢字をクリックすると、カーソル位置に入力されます。

7 閉じる をクリックして、手書き文字入力を終了します。

MEMO

タスクバーの🈁を右クリックして、[ATOKメニュー] を選択し、[手書き文字入力] を選択しても起動できます。

111 カタカナ語英語辞書

入力したカタカナ語／日本語を英語に変換して入力したい

「こまーす(コマース)」→「Commerce」のようにカタカナ語を英単語に変換する機能が用意されています。また、「せんすいかん(潜水艦)」→「Submarine」のように日本語を英単語に翻訳する機能もあります。英単語を効率的かつ正確に入力するのに便利です。

● カタカナ語を英語に変換する

1 「こまーす」と読みを入力します。

2 F4 キーを押すと「commerce」に変換されます。

3 もう一度 F4 キーを押すと候補ウィンドウが開き、「Commerce」「COMMERCE」なども選択できます。

4 Enter キーを押して確定します。

● 日本語を英語に変換する

1 「せんすいかん」と読みを入力します。

2 F4 キーを押すと「submarine」に変換されます。

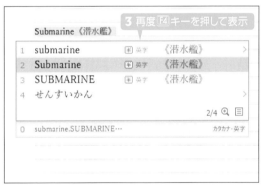

3 もう一度 F4 キーを押すと候補ウィンドウが開き、「Submarine」「SUBMARINE」なども選択できます。

4 Enter キーを押して確定します。

日本語から英文レターを作りたい

「びょうき」「おれい」「おわび」などの読みを入力し、Ctrl ＋ Tab キーで連想変換候補を表示すると、[英文レター文例集] タブに、関連する英文の文章が表示され、素早く入力することができます。適切な英文が分からないときなどに活用したい機能です。

お礼に関する英文を入力する

1 「おれい」と入力します。

2 Ctrl ＋ Tab キーを押して連想変換の候補ウィンドウを開きます。

3 Tab キーを押して、[英文レター文例集]に切り替えます。

4 入力したい英文を選択します。

5 Enter キーを押して確定します。

HINT 英文の種類を選択する

[英文レター文例集] タブでは、「便りへのお礼」「贈り物へのお礼」など、種類ごとに英文が分類されています。種類はクリックして切り替えることができます。

113 推測候補

3桁区切りの数字や漢数字を素早く入力したい

桁数の多い数値を入力するとき、3桁ごとにカンマの入力された数値を素早く入力することができます。金額などの数値を大量に入力するときなどに便利です。

3桁区切りの数値を入力する

198| ◀━ **1** 入力

1 数値を入力します。

1988|

2 推測候補や単語コメントが表示

1,988　　　　　《数値：1988》

確定：Shift+Enter　　　　推測候補 ×

2 4桁目を入力したタイミングで、3桁ごとのカンマ付きの推測候補が表示されます。

1988876| ◀━ **3** 入力を続ける

1,988,876　　　　《数値：198万8876》

確定：Shift+Enter

3 続けて数値を入力します。億千万などの単位付きの数値が単語コメントとして表示されます。

1,988,876| ◀━ **4** Shift + Enter キーで確定

4 Shift + Enter キーを押すと、3桁ごとのカンマ区切りの挿入された数値が入力されます。

HINT 数値入力を設定する

タスクバーの あ を右クリックして、[ATOK メニュー－プロパティ（環境設定）] を選択して [ATOK プロパティ] ダイアログボックスを開きます。[入力変換] タブを表示し、[設定項目] の [入力支援－数値] で、数値入力の支援機能を設定できます。

3桁区切りの数値の推測候補が不要な場合は、[入力中の数値を推測候補で表示する] のチェックをオフにします。オンの場合は、推測候補の数値形式や単語コメントを設定できます。たとえば、3桁ごとのカンマ区切りではなく、漢数字を推測候補として表示させることもできます。

MEMO

3桁区切りの数値を入力するには、推測変換が有効になっている必要があります。初期設定ではオンです。

114 日付をキーワードから入力

日付や時刻を簡単に入力したい

「きょう」や「あす」「らいねん」「にちじ」など、日付や時刻を表す言葉を入力し、通常の操作で変換すると、対応する日付・時刻に変換できます。ここでは、「あした」と入力して明日の日付に変換・入力する方法を説明します。

● 「あした」で明日の日付を入力する

1 「あした」と入力します。

2 Space キーを押すと、「明日」に変換されます。

3 もう一度 Space キーを押して候補ウィンドウを開きます。

4 明日の日付の一覧が表示されるので、入力したい形式を選択します。

5 Enter キーを押して確定します。

🖐 西暦・和暦の変換

「2021 ねん」「れいわ 3 ねん」などと入力して Space キーを押すと、対応する西暦や和暦が候補として表示されます。この状態で Tab キーを押すと、候補を選択できます。

「2021 ねん」から「令和 3 年」に変換できます。

🖐 日付・時刻に変換できるキーワード

日付・時刻に変換できるキーワードは次のとおりです。

おとつい	おととい	いっさくじつ	きのう	さくじつ
きょう	ひづけ	ほんじつ	あした	あす
みょうにち	あさって	みょうごにち	にちよう	にちようび
げつよう	げつようび	かよう	かようび	すいよう
すいようび	もくよう	もくようび	きんようび	どよう
どようび	おととし	きょねん	ことし	らいねん
さらいねん	せんせんげつ	せんげつ	こんげつ	らいげつ
さらいげつ	じこく	いま	にちじ	

※ 「どよう」「どようび」などの曜日を入力した場合は、今週・来週の対応する日付に変換できます。

115 挨拶文例集

時候の挨拶をさっと入力したい

取引先に送る文書や公式なリリース文書などでは、より正しく形式的な表現の文章が求められます。特に時候の挨拶は、慣れないとなかなか正しく書けないものです。ATOKを利用すれば、たとえば5月に出す文書に、5月にふさわしい時候の挨拶文を入力することが可能です。

● 適切な時候の挨拶文を入力する

ごがつ| ← 1 入力

1 「ごがつ」と入力します。

2 Ctrl + Tab キーを押して連想変換候補のウィンドウを開きます。5月に適した時候の挨拶文が表示されます。

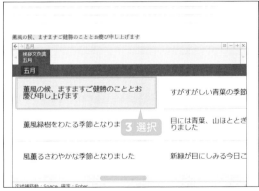

3 Space キーや矢印キーを押して入力したい時候の挨拶文を選択します。

4 Enter キーで確定

薫風の候、ますますご健勝のこととお慶び申し上げます|

4 Enter キーを押して、挨拶文を確定します。

HINT 挨拶文例集を利用する

時候の挨拶は「挨拶文例集」に収録されているデータです。「かんしゃ」「おれい」「けっこん」など、挨拶に関わるキーワードを入力して Ctrl + Tab キーを押すと、関連する挨拶文を入力することができます。

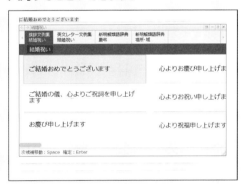

「けっこん」と入力して Ctrl + Tab キーを押しました。

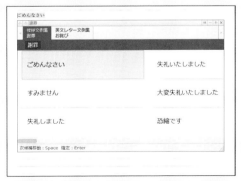

「おわび」と入力して Ctrl + Tab キーを押しました。

116 候補ウィンドウ拡大表示

候補ウィンドウの文字を大きく表示したい

「邊」と「邉」のように似た漢字を候補ウィンドウから選ぶ際、表示される文字が小さくて違いが分かりづらいことがあります。そのようなときは、候補ウィンドウの文字を大きく表示しましょう。なお、表示サイズを変更すると、以降の変換でも引き継がれます。

● 候補ウィンドウの文字を大きく表示する

1 候補ウィンドウを開いたら、右下の ⊕ ［拡大表示］をクリックします。

2 メニューが表示されるので、表示倍率を選択します。ここでは［200%］を選択します。

3 候補ウィンドウが拡大され、候補の文字が大きく表示されます。

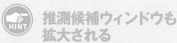
推測候補ウィンドウも拡大される

候補ウィンドウの文字を拡大すると、読みの入力中に表示される推測候補のウィンドウの文字も拡大されます。

 MEMO

元の表示倍率に戻すには、手順 **2** のメニューで［100%］を選択してください。

一度に表示する候補の数を増やす

候補ウィンドウを開いた状態で Ctrl + Space キーを押すと、一度に表示する候補を最大30個まで増やせます。この状態では、上下左右のカーソルキーで候補を選択できます。もう一度、Ctrl + Space キーを押すと元に戻ります。

117 候補デザイン切替

候補ウィンドウのデザインを変更したい

　読みを入力して変換操作を行ったときに変換候補が表示される候補ウィンドウのデザインは、ユーザーの好みでカスタマイズできます。あらかじめ用意されているデザインから選択するだけで、すぐにデザインを変更できます。

● 候補ウィンドウの
デザインを変更する

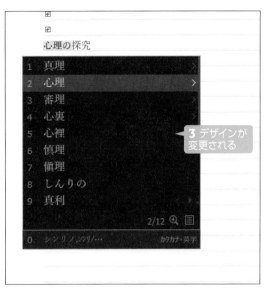

1 一太郎のメニューから［ツール−入力設定−日本語入力のメニュー−候補デザイン切替］を選択します。

2 サブメニューからデザインを選択します。

3 候補ウィンドウのデザインが変更されます。

HINT 用意されているデザイン

用意されているデザインは「クラシック」や「リバース」など7種類です。なお、［標準OS設定］はWindowsで設定されている色、［標準（白）］はWindowsの白の既定色、［標準（黒）］は黒の既定色となります。

クラシック

リバース

118 文字パレット

特殊記号や学術記号を入力したい

メニュー▶[ツール−入力設定−日本語入力のメニュー−文字パレット] ／ツールパレット▶[文字]パレット

　ATOKの文字パレットを利用すると、通常の読みからは変換できない特殊な記号や学術記号などを入力することができます。目的の記号を読みから変換できない場合は、文字パレットを活用してください。

● 文字パレットで　特殊な記号を入力する

1 [文字] パレットの 文字 をクリックします。

2 記号・文字 をクリックします。

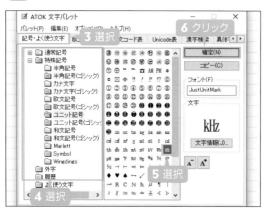

3 ATOK 文字パレットが起動したら、[記号・よく使う文字] タブに切り替えます。

4 左側の[通常記号] や[特殊記号] のツリーで、記号の種類を選択します。

5 入力したい記号を選択します。

6 確定 をクリックします。

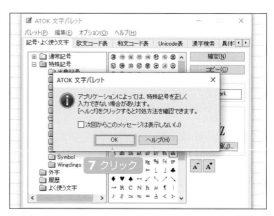

7 確認のメッセージが表示されたら OK をクリックします。

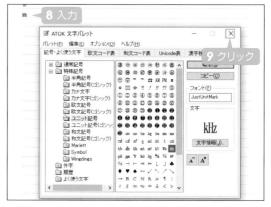

8 カーソル位置に記号が入力されます。

9 右上の ✕ [閉じる] をクリックして文字パレットを閉じます。

119 先頭文字並べ替え

同じ文字から始まる候補に並べ替えたい

　たとえば、人名の「真佐美」(まさみ) さんを入力するとき、「雅美」「政美」「真美」……などのさまざまな候補が表示されて、選択するのが大変なときがあります。このような場合、「真」で始まる候補だけを集めて表示することで、選びやすくする機能が用意されています。

● 先頭が同じ候補を集めて表示する

1 「まさみ」と入力します。

2 Space キーを押して変換します。

3 候補ウィンドウを開いたら、先頭が「真」の候補を選択します。

4 Ctrl + Page Down キーを押します。先頭が「真」で始まる候補が集められて、候補が並べ替えられます。

5 目的の候補を選択します。

6 Enter キーを押して確定します。

🔘 HINT 並べ替えのショートカットキー

候補ウィンドウが表示された状態では、以下のショートカットキーで候補を並べ替えられます。

・ Ctrl + Page Down キー……先頭文字で並べ替え
・ Ctrl + Page Up キー……末尾文字で並べ替え

🔘 HINT メニューで並べ替える

候補ウィンドウの  [候補メニュー] をクリックしてメニューを開き、[先頭文字並べ替え] または [末尾文字並べ替え] を選択して並べ替えることもできます。

120 校正支援

ら抜き表現や慣用句の誤用を減らしたい

ATOKには、入力中の文章に誤りや望ましくない表現が含まれているとき、それを指摘して修正する「校正支援」機能が用意されています。ここでは、指摘にしたがって正しく修正する方法を説明します。

● ら抜き表現を修正する

1 「そのえはみれますか」と入力します。

2 Space キーを押して変換します。すると、ら抜き表現であることが指摘されて、訂正候補が表示されます。

3 Shift + Enter キーを押して提示された候補に確定します。

● 慣用句・ことわざを修正する

いかりしんとうにたっする| 1 入力

1 「いかりしんとうにたっする」と入力します。

2 Space キーを押して変換します。すると、誤用であることが指摘されて、訂正候補が表示されます。

3 Shift + Enter キーを押して提示された候補に確定します。

MEMO

訂正候補が複数ある場合は、Tab キーを押すと候補を選択できる状態になります。選択して Enter キーを押すと、その候補を入力できます。

HINT 校正支援モードの設定

メニューの［ツール－入力設定－日本語入力のメニュー－校正支援モード］を選択すると、次の３つの校正支援モードを選択できます。
・指摘しない……校正支援を無効にする
・指摘する……校正支援を有効にする（チェックする項目は少ない）
・指摘する（強い）……校正支援を有効にする（より多くの項目をチェックする）

121 UP! 地名の指摘

紛らわしい地名の指摘機能を利用したい

　日本には多くの市がありますが、有名な観光地や地元のよく知った市以外は、その正確な名前を覚えていない場合もあります。たとえば、「幕張」という地名は有名ですが、「幕張市」は存在しません。ATOKには、こうしたよくある市の誤りを指摘して訂正する機能が用意されています。

● 存在しない「市」を訂正する

1 「はかたし」と入力します。

2 Space キーを押して「博多市」に変換すると、「博多市」は実在しないと指摘され、訂正候補が表示されます。

3 Shift + Enter キーを押して、先頭の訂正候補である「博多区」を確定します。

● 県名と同名の市があるという勘違いを訂正する

1 「みえけんおおつし」と入力します。

2 「三重県大津市」に変換すると、実在しない地名だと指摘されて、「三重県津市」「滋賀県大津市」が訂正候補として表示されます。

3 Tab キーを押して訂正候補のウィンドウを表示します。

4 「滋賀県大津市」を選択します。

5 Enter キー押して「滋賀県大津市」を確定します。

122 UP! 見逃し指摘ビューア

入力済みの誤った表現を訂正したい

「先生が申しました（正：先生がおっしゃいました）」「シュミレーション（正：シミュレーション）」のような誤った表現を指摘して訂正する機能が用意されています。さらに最新のATOKには、誤ったまま入力した表現をあとから確認できる「見逃し指摘ビューア」が用意されました。

● 見逃した表現のミスを「見逃し指摘ビューア」で確認する

1 「むじんぞうにつかう」と入力します。

2 「無尽蔵に使う」に変換され、誤用であることが指摘されて、訂正候補が表示されます。

3 Enter キーを押してそのまま確定します。すると、通知アイコンが表示されるのでクリックします。

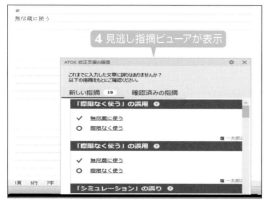

4 見逃し指摘ビューアが表示されて、見逃した誤用の説明が表示されます。

HINT ATOKメニュー/ショートカットから起動する

メニューの［ツール－入力設定－日本語入力のメニュー－校正支援 見逃し指摘ビューア］を選択するか、Shift + Ctrl + F10 キーを押しても見逃し指摘ビューアが起動します。

HINT カーソル位置モード表示

ATOK をオン / オフするタイミングで表示される「カーソル位置モード表示」が表示されている場合は、通知アイコンが追加表示されて、見逃し指摘があることを知らせてくれます。

簡易表示の場合　　　　詳細表示の場合

MEMO

見逃し指摘ビューアを開いたあと、次に開いたときは、参照できる指摘内容は見逃し指摘ビューア内の［新しい指摘］画面から［前回までの指摘］画面に移ります。なお、指摘内容が参照できるのは約24時間です。その間はパソコン再起動後も参照可能です。

郵便番号から住所を入力したい

郵便番号から対応する住所に変換できます。郵便番号をすべて覚えていなくても、その郵便番号で始まる候補が表示されるので安心です。住所録や顧客名簿などを作るとき、ぜひ活用したい機能です。

郵便番号から住所を入力する

1 郵便番号を入力します。

2 郵便番号を3桁+ハイフンまで入力すると、住所が推測候補として表示されます。

3 入力を続けると該当する候補が絞り込まれます。

4 Shift + Enter キーを押して住所を確定します。

MEMO

郵便番号を入力して F3 キーを押しても、住所に変換できます。

HINT 郵便番号をすべて覚えていない場合は?

郵便番号はすべて覚えていなくても問題ありません。途中まで入力して Tab キーを押すと、その番号で始まる住所が一覧表示されます。

「350−」まで入力したら Tab キーを押します。

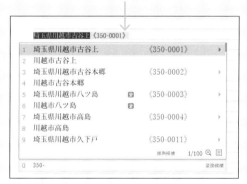

郵便番号が「350−」で始まる住所が一覧表示されます。

MEMO

この機能は、推測変換の[郵便番号の入力時に住所を表示する]がオンのときに有効です（初期設定ではオン）。

124 町名住所変換辞書

町名から住所に変換したい

　町名住所変換辞書を利用すると、入力した町名から住所に変換することができます。たとえば「はままつちょう」から「宮城県石巻市浜松町」「東京都港区浜松町」のように、同じ町名で県名や市名が異なる住所も入力できます。

● 町名から住所に変換する

1 町名の読みを入力します。

2 F3 キーを押すと住所に変換されます。

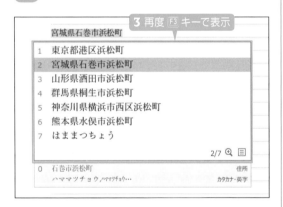

3 もう一度 F3 キーを押すと候補ウィンドウが開き、同じ町名で県名や市名の異なる住所が表示されます。

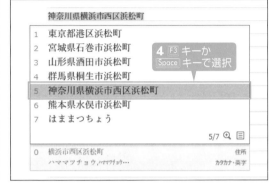

4 F3 キーか Space キーを押して、入力したい候補を選択します。

5 Enter キーを押して住所を確定します。

MEMO

町名住所変換辞書は、日本郵便株式会社公開のデータに基づいて、町域名の読みから住所に変換します。

125 顔文字

顔文字を読みから入力したい

（*^_^*）、（__　__）などの記号や文字で構成された顔文字を、「にこ」「しくしく」「あせ」といった読みから素早く入力することができます。友人との気軽なチャットなどで利用すると便利です。

● 顔文字を入力する

1 顔文字の読み（ここでは「しくしく」）を入力します。

2 F4 キーを押すと顔文字に変換されます。

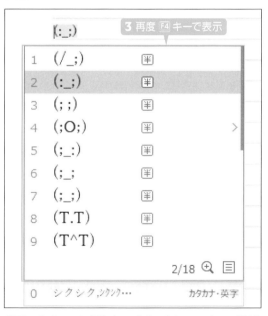

3 もう一度 F4 キーを押すと、ほかの候補が表示されます。

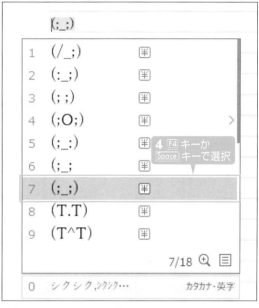

4 F4 キーか Space キーを押して、入力したい顔文字を選択します。

5 Enter キーを押して顔文字を確定します。

HINT 通常の変換でも入力できる

読みを入力して Space キーを押す通常の変換方法でも、候補として顔文字が表示されます。ただし、顔文字を素早く入力したいときは、F4 キーを利用する方法のほうが効率的です。

MS-IMEと同じキー割付、スタイルで利用したい

Windowsに標準搭載されている MS-IMEの操作方法・表示に慣れている場合は、ATOKの操作方法・表示を MS-IMEに近づけることができます。MS-IMEから ATOKに乗り換えた場合などに利用すると、いままでの操作方法で ATOKを利用できます。

● MS-IMEのキー割付、スタイルにする

1 一太郎のメニューから [ツール－入力設定－入力モード設定] を選択します。

2 [ATOK プロパティ] ダイアログボックスが表示されたら、[現在のプロパティ] で [MS-IME 設定] を選択します。

3 OK をクリックします。

4 操作方法、入力する読みや変換中の文節の色が MS-IME に近づきます。

 キーや色をカスタマイズ

[ATOK プロパティ] ダイアログボックスの [キー・ローマ字・色] タブでは、キーに割り付ける機能、ローマ字の入力方法、色などを細かくカスタマイズできます。

[キーカスタマイズ] をクリックすると、各キーに割り付ける機能を変更できます。

[ローマ字カスタマイズ] をクリックすると、ローマ字の入力方法を変更できます。

[表示色カスタマイズ] をクリックすると、入力中や変換中の色を変更できます。

127 リフレッシュナビ

入力した文字数や入力ミスを確認したい

入力した文字数や入力ミスの回数などを測定して、疲労度を表示する機能が「リフレッシュナビ」です。自分の疲労度を数値として確認できるので、作業を進めたり、休憩したりする際の参考として活用してください。

● 入力した文字数や 入力ミスを確認する

1 一太郎のメニューから［ツール−入力設定−日本語入力のメニュー−リフレッシュナビ］を選択します。

2 リフレッシュナビが表示されます。

HINT リフレッシュナビに 表示される情報

リフレッシュナビには、入力した文字数、入力ミスの回数、入力精度、指の移動距離、連続入力時間が表示されます。「疲労感」は、これらの数値を総合的に判断して表示された数値です。また、これらの数値の推移を、月／週／日／直前ごとにグラフで表示することもできます。

疲労感や入力文字数の推移を、月／週／日／直前ごとにグラフで表示できます。画面は直前の入力文字数の推移です。

HINT 休憩しませんか?

ATOKで一定時間以上入力を続けていると、右下に「入力ミスが増えています。少し休憩しませんか?」と表示されます。この表示をクリックすると、リフレッシュナビが表示されて、疲労度などの数値が表示されます。このタイミングで一息ついてみるとよいでしょう。

 入力ミスが増えてきています。 少し休憩しませんか？

128　ATOK辞書ツール

旧バージョンのATOKで使っていた単語を引き継ぎたい

　旧バージョンの ATOK辞書に登録されていた単語の情報を引き継ぐことができます。通常は、新しいバージョンをインストールするときに引き継げますが、インストール時に引き継がなかった場合や、別のパソコンで使っていた ATOKの辞書がある場合などに便利です。

● 辞書を合併する

1 メニューの [ツール－入力設定－ ATOK 辞書ツール] を選択します。

2 ATOK 辞書ユーティリティが起動したら、[ツール－辞書の合併] を選択します。

3 [辞書の合併] ダイアログボックスが開くので、[読み出し辞書] の [ファイル名] の 参照 をクリックします。

4 辞書を選択するダイアログボックスが表示されたら、辞書を選択します。

5 開く をクリックします。

6 実行 をクリックします。

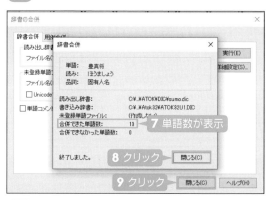

7 合併できた単語数が表示されます。

8 閉じる をクリックします。

9 続けて 閉じる をクリックしてダイアログボックスを閉じます。

10 指定した辞書ファイルに登録されていた単語が合併されます。確認したら右上の ✕ [閉じる] をクリックして辞書ユーティリティを終了します。

第 3 章　一太郎2021 プラチナ 〜花子2021編〜

第3章では、「一太郎2021 プラチナ」に搭載の
統合グラフィックソフト「花子2021」の機能を、使い方別に解説しています。
「部品を呼び出したい」「複数の図形の位置をそろえたい」
「文章を段組にしたい」「寸法図を描きたい」
など、やりたいことをキーワードに
図面スタイルの設定、図形の回転、図形に影を付ける方法、
文字の編集方法などを参照できます。

129 図面スタイル設定

図面スタイルを設定したい

花子で作図をする前に、用紙サイズやページ番号の有無などの図面スタイルを設定しておくと効率的です。作図をしたあとで用紙のサイズや方向を変更すると、レイアウトの調整が必要になることがあります。

● 用紙サイズや方向を設定する

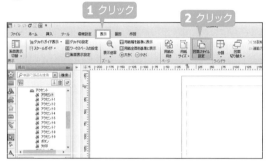

1 [表示] タブをクリックします。

2 [図面スタイル設定] をクリックします。

MEMO

花子をインストールして起動すると、最初に表示されるのが [起動ガイダンス] です。ここから [用紙を選ぶ] を選択して、用紙のサイズや方向を選択することもできます。本書では [閉じる] をクリックしたり [次回起動時から表示しない] のチェックをオンにしたりして、起動ガイダンスが表示されていない状態から説明しています。

起動ガイダンス

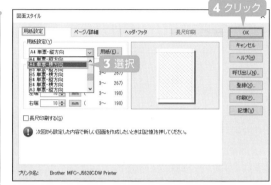

3 [図面スタイル] ダイアログボックスの [用紙設定] シートで、[用紙設定] の ▽ をクリックし、用紙と方向の組み合わせを選択します。

4 OK をクリックすると、用紙サイズと方向が設定されます。

MEMO

ページやヘッダ・フッタなどは、タブを切り替えて設定します。なお、マージン（余白）は、使用するプリンターによって設定できる数値が異なります。

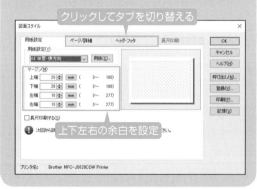

---

130 表示倍率

画面の表示倍率を変更したい

表示倍率は操作に合わせて切り替えます。細かな作図をするときは表示を拡大し、全体のレイアウトを確認するときは表示を縮小すれば、効率的に作図できます。

ズームスライダーで変更する

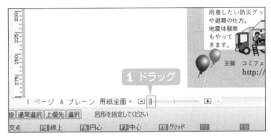

1 ズームスライダーのつまみを右にドラッグすると表示を拡大し、左にドラッグすると縮小します。

> **MEMO**
>
> ズームスライダーの左右にある ＋ や － をクリックして、表示倍率を変更することもできます。

マウスを使って拡大する

1 マウスホイールがある場合、拡大したいところにマウスポインターを合わせ、Ctrl キーを押しながらマウスホイールを奥へ回転します。

> **MEMO**
>
> 縮小する場合は、Ctrl キーを押しながらマウスホイールを手前へ回転します。

表示倍率を指定して変更する

1 ［表示］タブをクリックします。

2 ［表示倍率］の ▼ をクリックし、倍率を選択します。

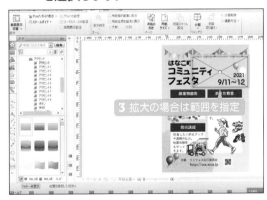

3 拡大の場合は、表示範囲を指定するための枠が表示されます。表示したい範囲をクリックすると、拡大されます。

> **MEMO**
>
> ［ツール］タブの［拡大鏡］をクリックすると、表示倍率を変えることなく虫眼鏡のように一部だけを拡大して表示できます。

131 図形挿入

図形を図面に挿入したい

花子では、さまざまな図形を一覧から選んで挿入できます。長方形や円のような基本的な図形から、さまざまなシーンに使えるイラストまで、豊富にそろっています。

● クリックして図形を挿入する

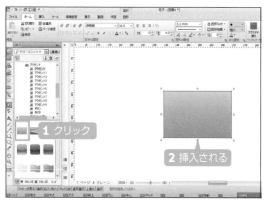

1　マルチコンテンツウィンドウの［部品］シートなどから、挿入したい図形をクリックします。

2　図形が画面中央に挿入されます。

MEMO

一覧の図形にマウスポインターを合わせると拡大表示されます。

MEMO

マルチコンテンツウィンドウから図形をドラッグして、図面の好きな位置に挿入することもできます。

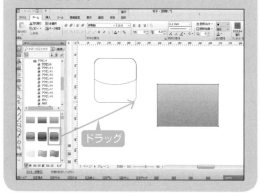

HINT　図形選択マークのサイズ変更

図形を挿入すると、周囲に図形選択マーク □ が表示され、図形の編集が可能になります。図形以外の場所をクリックすると、選択は解除されます。

図形選択マークを大きく表示することもできます。［環境設定］タブの［オプション］をクリックし、［操作環境－表示］の［図形選択マークの表示を大きくする］で設定します。

MEMO

花子をインストールした直後にマルチコンテンツウィンドウに表示されているのは［部品］シートです（● 部品については 175 ページへ）。マルチコンテンツウィンドウには、［画像］シートや［基本図形］シートなどもあり、これらはタブをクリックして切り替えます。なお、開いているタブをクリックすると、マルチコンテンツウィンドウは最小化されます。表示するときは、任意のタブをクリックします。

図形をマウスで描きたい

マルチコンテンツウィンドウの［作図］シートから描きたい図形を選ぶと、マウスを動かして自由なサイズに描画できます。

● 長方形を描く

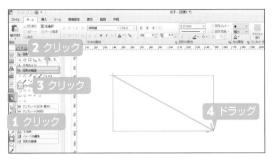

1 マルチコンテンツウィンドウの［作図］タブをクリックします。

2 ［図形の描画］をクリックします。

3 ▢［長方形］をクリックします。

4 始点から終点までドラッグします。始点と終点をクリックして描画することもできます。

MEMO

シンプルツールバーからも作図ツールを選択できます。長方形を描くときは、▢ をクリックします。▢ を押し続けると、丸め長方形を選択できます。シンプルツールバーのアイコンのうち右下に黒い三角形のマークがあるものは、同様にして、別の種類の図形に切り替えられます。

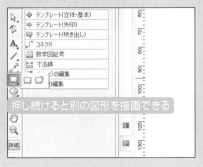

押し続けると別の図形を描画できる

● 円弧を描画する

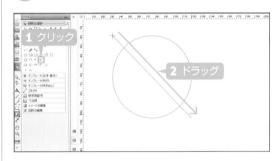

1 ［作図］シートの［図形の描画］で、▨［円弧］をクリックします。

2 ドラッグして円の大きさを決めて、マウスのボタンを離します。

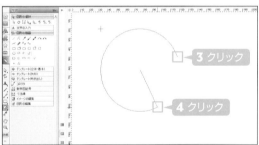

3 円弧の始点にしたい位置でクリックします。

4 終点にしたい位置でクリックすると、円弧が描画されます。

MEMO

マウスポインターのそばの、数字が表示されるウィンドウは、数値コマンド入力の入力欄です。ここでは無効にして描画しています。
➡数値コマンド入力については、154 ページへ

133 数値コマンド入力

数値で指定して図形を描きたい

設計図のように正確な図面を作成するときは、図形の座標やサイズを数値で指定する「数値コマンド入力」を利用すると効率的です。

● 数値コマンド入力で長方形を描く

2 入力して Tab キー

1 クリック

3 入力して Enter キー

1 [作図] シートの[図形の描画] で、□ [長方形] をクリックします。

2 図形の始点を指定します。「X」欄に数値が入力できる状態になるので、横方向の始点の位置を入力して Tab キーを押します。

3 「Y」欄に縦方向の始点の位置を入力して Enter キーを押します。

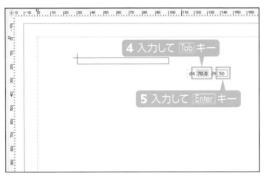

4 入力して Tab キー

5 入力して Enter キー

4 表示が「dX」欄と「dY」欄に変わるので、ここで大きさを指定します。「dX」欄に、始点からの横方向の距離を入力して Tab キーを押します。

5 「dY」欄に、始点からの縦方向の距離を入力して Enter キーを押します。

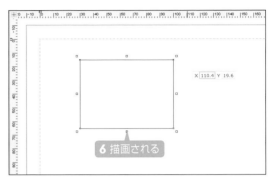

6 描画される

6 指定した位置に、指定した大きさの長方形が描画されます。

MEMO

図形の始点として「X」と「Y」に入力する数値は原点からの距離であり、初期設定では用紙の印字領域の左上からの距離（mm）です。印字領域は、図面上では点線で表示されています。なお、ルーラー左上の ✛ [原点移動] をドラッグ&ドロップすると、任意の位置に原点を指定できます。

印字領域を表す線

HINT 数値コマンド入力を無効にする

数値コマンド入力を無効にして、ウィンドウを非表示にするには、[製図] タブの [数値コマンド入力] の ▼ をクリックし、[有効にする] をオフにします。Ctrl + D キーでも、有効／無効を切り替えられます。

図形をドラッグして選択したい

　図形を編集するときは、あらかじめその図形を選択します。クリックする方法もありますが、ここではドラッグして選択する[ボックス掛]と[ボックス囲]を紹介します。

● ドラッグした範囲にかかる図形を選択する（ボックス掛）

1 [作図] シートまたはシンプルツールバーの ↘ [図形の選択（拡大／縮小）]をクリックします。

2 ステータスラインに[ボックス掛]と表示されていることを確認します。

3 選択したい図形の一部が範囲にかかるようにドラッグします。

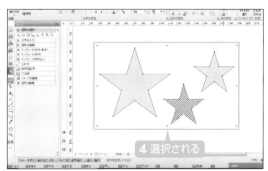

4 ドラッグした範囲にかかるすべての図形が選択されます。

MEMO

[ホーム] タブの [全選択] をクリック、または Ctrl + A キーを押すと、表示されているページの図形をすべて選択できます。

● 囲んだ図形だけを選択する（ボックス囲）

1 [作図] シートまたはシンプルツールバーの ↘ [図形の選択（拡大／縮小）]をクリックします。

2 ステータスラインの [ボックス掛] を2回クリックし、[ボックス囲] に切り替えます。

3 選択したい図形を囲むようにドラッグします。

4 ドラッグした範囲に完全に囲まれた図形のみが選択されます。

155

135 回転

図形を回転したい

　図形の選択アイコンを利用して、図形を自由な角度に回転させることができます。花子には複数の図形の選択アイコンがあり、目的によって使い分けます。

● 図形を回転する

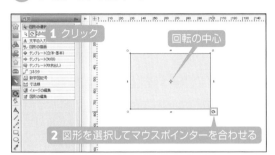

1 [作図] シートの ⟳ [図形の選択（回転・せん断）] をクリックします。

2 図形をクリックして選択し、四隅の ◎ のいずれかにマウスポインターを合わせ、⟳ の形状にします。

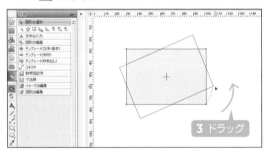

3 回転したい方向にドラッグします。

MEMO

元図を残して回転するには、Ctrl キーを押しながらドラッグします。また、45 度ずつ回転したいときは、Shift キーを押しながらドラッグします。
図形を選択すると表示される [選択図形] タブの ◺ [反時計回りに 90 度回転]や ◿ [時計回りに 90 度回転] を選択して、回転することもできます。

MEMO

[図形の選択（拡大／縮小）］で図形をクリックし、四隅の □ から少しずらしたところにマウスポインターを合わせると、↻ の形状に変わります。この状態でドラッグしても、図形を回転できます。

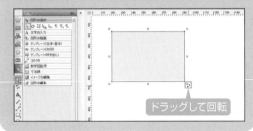

HINT 図形を斜めに変形する（せん断）

[作図] シートの ⟳ [図形の選択（回転・せん断）] で図形を選択すると、四辺中央には ⬌ が表示されます。このいずれかにマウスポインターを合わせて ↔ の形状にし、変形させたい方向にドラッグすると、図形を斜めにゆがめることができます。

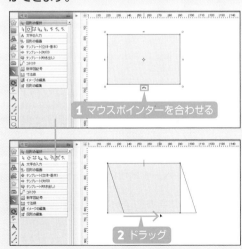

図形の線種や色を設定したい

図形の線の、幅や種類、色などを設定します。直線や曲線の端点の形状、連続直線や多角形の接続部（角）の形状も設定できます。

● 線幅、線種、色を設定する

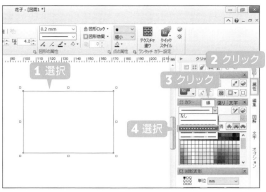

1 図形を選択します。

2 クリップウィンドウの［属性］タブをクリックします。

3 カラースタイルパレットの［線］タブをクリックします。

4 ［線種］の∨をクリックし、一覧から線種を選択します。

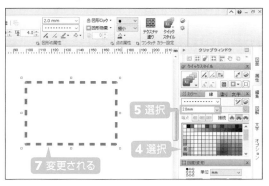

5 線種が変更されます。同様に線幅を選択します。

6 線幅が変更されます。カラーパレットから色を選択します。

7 色が変更されます。

● 端点と接続部の形状を設定する

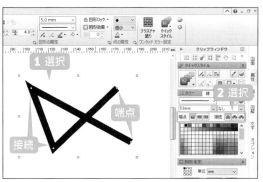

1 図形を選択します。

2 カラースタイルパレットの［線］シートで［端点］と［接続］の形状を選択します。

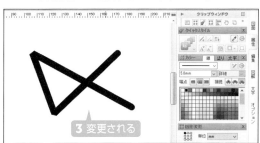

3 端点と接続部の形状が変更されます。

> **MEMO**
>
> ［属性］タブを再度クリックすると、クリップウィンドウが最小化されます。

> **MEMO**
>
> 画面上部のリボンで、線種や端点の設定をすることもできます。線幅や線種、線色は［ホーム］タブで、［端点］や［接続］の形状は、［作図］タブの［図形変換−端点形状］を選択して変更できます。

137 ベタ塗り／パターン塗り

図形の塗り色を設定したい

図形の塗りには、1色で塗りつぶすベタ塗りのほか、斜線や格子などを指定するパターン塗りもあります。ベタ塗りでは、透明度を指定して、半透明にすることもできます。

● 図形を1色で塗りつぶす

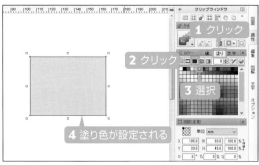

1 図形を選択し、クリップウィンドウの［属性］シートのカラースタイルパレットで［塗り］タブをクリックします。

2 ■［ベタ塗り］をクリックします。

3 カラーパレットから色を選択します。

4 塗り色が設定されます。

HINT **透明度を設定する**

図形に透明度を設定して、別の図形と重ねたときに透けて見える効果を出せます。下図は、線のない図形をベタ塗りし、［透明度］を「50」に設定しています。

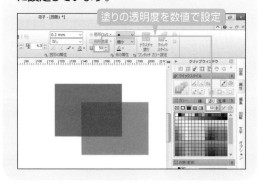

● 図形にパターン塗りを設定する

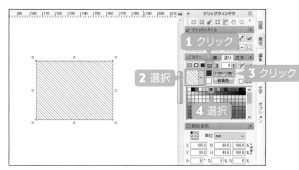

1 図形を選択し、［塗り］シートの ▨［パターン塗り］をクリックします。

2 パターンの ∨ をクリックして、一覧からパターンを選択します。

3 パターン色 をクリックします。

4 カラーパレットからパターンの色を選択します。

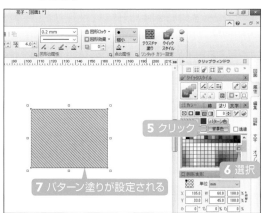

5 背景色 をクリックします。

6 カラーパレットから背景の色を選択します。

7 パターン塗りが設定されます。

138 グラデーション塗り
図形をグラデーションで塗りつぶしたい

図形にはグラデーション塗りを設定することができます。色を追加し、多色を使ったグラデーションを作成することもできます。

● グラデーションに色を設定する

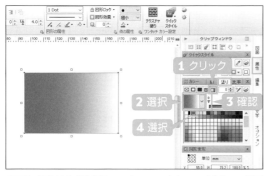

1. 図形を選択し、クリップウィンドウの [属性] タブをクリックして、カラースタイルパレットの[塗り] シートの □ [グラデーション塗り] をクリックします。

2. グラデーションパターンの ∨ をクリックし、グラデーションパターンを選択します。

3. グラデーションバーの「0」の色のポイントが ▼ になっていることを確認します。

4. カラーパレットから色を選択します。

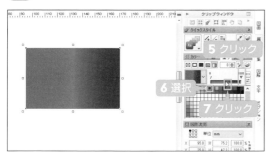

5. グラデーションバーの「100」の色のポイントの / をクリックして ▼ にします。

6. カラーパレットから色を選択します。

7. 次の色のポイントを追加するため、グラデーションバーをクリックします。

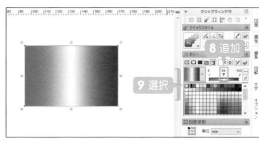

8. 色のポイント（ ▼ ）が追加されます。

9. カラーパレットから色を選択します。

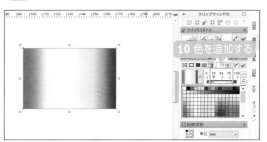

10. 同様に色を追加して、多色のグラデーションを作ることができます。

MEMO

⊢⊣ [均等] をクリックすると、グラデーションの色を均等に配置できます。追加した色を削除するには、削除したい色のポイント（ ▼ または / ）を右クリックします。

MEMO

シンプルツールバーや、マルチコンテンツウィンドウの [作図] シートの [図形の編集] グループにある ⏺ [スポイト] を使うと、図形に設定した塗り色や線種などの属性を別の図形にコピーできます。属性のコピー先の図形を選択し、コピー元の図形の属性をクリックします。スポイトで吸い取るイメージです。

139　クイックスタイルパレット／カラースキーマ

線や塗り色をまとめて設定したい

　クイックスタイルパレットのカラーデザインをクリックすれば、線色、塗り色、文字色のバランスのとれた図形が作成できます。また、カラースキーマを利用して、イラストの色合いを簡単に変更することもできます。

● クイックスタイルを利用する

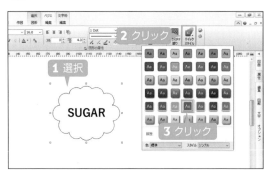

1 図形を選択します。

2 [ホーム] タブの [クイックスタイル] をクリックします。

3 一覧から適用したいスタイルをクリックします。

4 図形に選択したスタイルが適用されます。

MEMO

選択している図形は、図形に文字を入力した「文字付き図形」です。
➡「文字付き図形」については 183 ページへ

● カラースキーマで　色合いを変更する

1 色合いを変更したい図形を選択します。

2 [ホーム] タブの ● [カラースキーマ] をクリックします。

3 [カラースキーマ] ダイアログボックスで、🔗 [すべてのカラーポイントを連動させる] になっていることを確認します。

4 カラーポイントをドラッグします。

5 OK をクリックすると、図形の色合いが変わります。

MEMO

特定の色だけ変更したい場合は、Alt キーを押しながら該当するカラーポイントをドラッグします。

図形を質感のあるデータで塗りつぶしたい

鉱石や布、木材などの質感のあるデータで図形を塗りつぶすことができます。ドットやボーダーなど、パターンで塗りつぶすこともできます。

テクスチャで塗りつぶす

1 図形を選択します。

2 [ホーム] タブの [テクスチャ塗り] をクリックします。

3 [テクスチャ塗りの設定] ダイアログボックスの [種類] で、[テクスチャ] を選択します。

4 一覧から塗りつぶしたいテクスチャをクリックします。

5 [配置] で [図形に合わせる] を選択します。

6 OK をクリックすると、図形がテクスチャ素材で塗りつぶされます。

MEMO

テクスチャ塗りを解除するには、[テクスチャ塗りの設定] ダイアログボックスの [テクスチャ塗りを付けない] をオンにします。

パターンで塗りつぶす

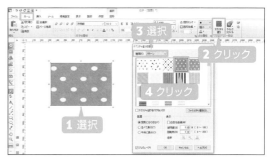

1 図形を選択します。

2 [ホーム] タブの [テクスチャ塗り] をクリックします。

3 [テクスチャ塗りの設定] ダイアログボックスの [種類] で [パターン] を選択します。

4 一覧から塗りつぶしたいパターンをクリックします。

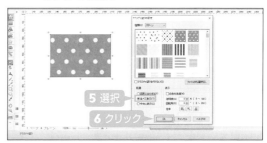

5 [配置] で [並べて表示] を選択します。

6 OK をクリックすると、図形がパターンで塗りつぶされます。

MEMO

[回転角] や [倍率] を変更すると、同じパターンでも印象が変わります。

141 領域で塗りつぶす

図形の一部を塗りつぶしたい

図形を重ねることでできた領域を指定して、色を付けることができます。教材やプレゼン資料の図などに便利に使える機能です。図形は塗りのない状態にしておくとスムーズに操作できます。

● 領域を指定して塗りつぶす

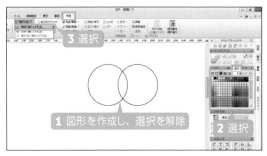

3 選択

1 図形を作成し、選択を解除

2 選択

1 塗りのない、線のみの図形を作成し、図形以外の場所をクリックして選択を解除します。

2 領域を塗りつぶす色を設定します。カラースタイルパレットの [塗り] シートで塗り方を選択し、カラーパレットから色を選択します。

3 [作図] タブの [塗りつぶし−領域で塗りつぶす] を選択します。

> **MEMO**
>
> 領域を塗りつぶす色として、パターン塗りやグラデーション塗りを指定することもできます。

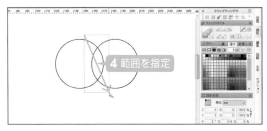

4 範囲を指定

4 塗りつぶしたい範囲が含まれるように、ドラッグして範囲を指定します。

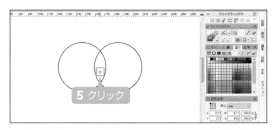

5 クリック

5 塗りつぶしたい領域をクリックします。

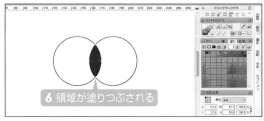

6 領域が塗りつぶされる

6 領域が塗りつぶされます。

> **HINT** **図形を [塗りなし] に設定する**
>
> 解説では塗りのない図形を重ねています。塗りのない図形を作成するには、カラースタイルパレットの [塗りなし] をクリックします。

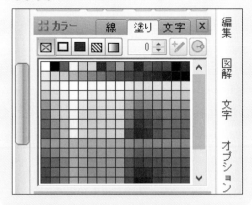

図形を反転したい

ミラー機能を使うと、図形を反転させることができます。左右あるいは上下対称の図形を描くときにも便利な機能です。

図形の左右を反転させる

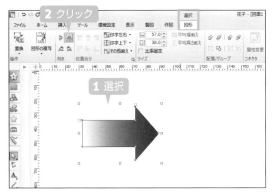

1 図形を選択します。

2 ［選択図形］タブの ⚊ ［左右にミラー］をクリックします。

MEMO

［選択図形］タブは、図形を選択したときに表示されます。

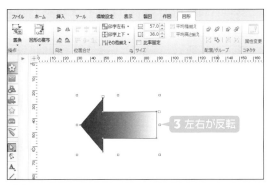

3 図形の中心を通る垂直線を軸として、図形の左右が反転します。

MEMO

上下を反転させたい場合は ⚊ ［上下にミラー］をクリックします。

左右対称の図形を作る

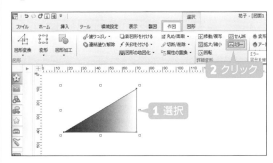

1 図形を選択します。

2 ［作図］タブの［ミラー］をクリックします。

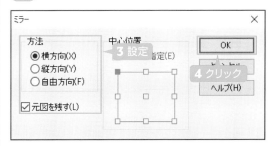

3 ［ミラー］ダイアログボックスで［横方向］をクリックし、［元図を残す］をオンにします。

4 OK をクリックします。

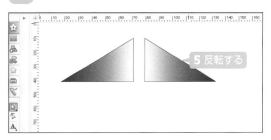

5 図形を反転させたい位置をクリックして指定すると、左右対称の図形が作成されます。必要に応じて位置を調整します。

143 ドロップシャドウ

図形に影を付けたい

　図形に影を付けるには、図形効果の「ドロップシャドウ」を利用します。影の方向や色なども、詳細に指定できます。

● ドロップシャドウを付ける

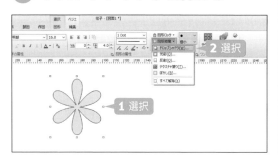

1. 図形を選択します。

2. ［ホーム］タブの［図形効果－ドロップシャドウ］を選択します。

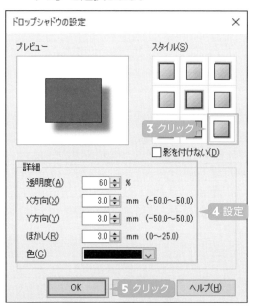

3. ［スタイル］で、設定したいスタイルをクリックします。

4. ［詳細］で、影についての設定をします。

5. OK をクリックします。

6. ドロップシャドウが設定されます。

HINT ドロップシャドウを解除する

図形を選択し、［ドロップシャドウの設定］ダイアログボックスで［影を付けない］をオンにすると、ドロップシャドウを解除できます。また、複数設定した図形効果を一度に解除できる［ホーム］タブの［図形効果－すべて解除］を選択しても同様です。

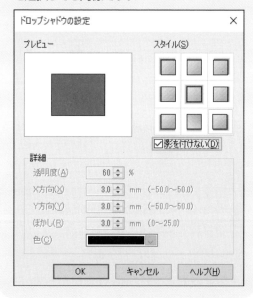

図形をぼかしたい

図形全体をぼかすと下の図形が透けて見えるような効果も出て、湯気や雲のようなフワフワとしたイメージが演出できます。

図形全体をぼかす

1 図形を選択します。

2 ［ホーム］タブの［図形効果－ぼかし］を選択します。

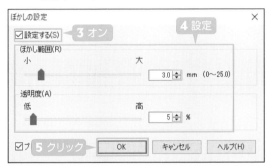

3 ［ぼかしの設定］ダイアログボックスで、［設定する］をオンにします。

4 ［ぼかし範囲］と［透明度］を設定します。

5 OK をクリックします。

6 図形全体にぼかしが設定されます。

HINT 光彩機能で図形の周囲をぼかす

［ぼかし］は図形全体をぼかしますが、図形加工の［光彩］を使うと、図形の周囲にぼかした影を付けることができます。光を当てたような効果を付けたり、周囲にぼんやりと縁取りをしたりするときに使えます。

145 置換

別の図形に置き換えたい

置換の機能を使えば、図形の位置を入れ替えたり、別の図形に置き換えたりすることができます。描き直す手間も必要ありません。

● 2つの図形の位置を入れ替える

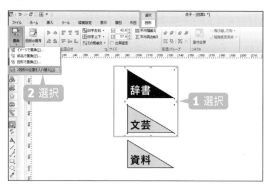

1 入れ替えたい2つの図形を選択します。

2 ［選択図形］タブの［置換－2図形の位置を入れ替え］を選択します。

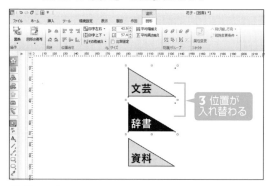

3 選択した図形の位置が入れ替わります。

MEMO

同じ形状の図形の場合は位置がずれることなく入れ替えられるので、家系図やトーナメント表の修正などにも便利です。

● 別の図形に置き換える

1 別の図形に置き換えたい図形を右クリックします。

2 表示されるメニューから［選択図形の変更］を選択して、サブメニューから置き換えたい図形を選択します。ここでは［爆発と巻－横巻］を選択しています。

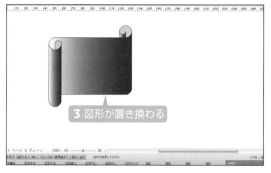

3 選択した図形が、別の図形に置き換わります。

MEMO

［選択図形の変更］を使うと、線幅や塗り色などの属性はそのままに、形状だけを変更できます。ただし合成図形など、属性が引き継がれない場合もあります。

146 線のラフ化

手描きのような線に変更したい

図形の線を、手で描いたような線に変形できます。図形にアナログなイメージを加えることができます。

● 線をラフ化する

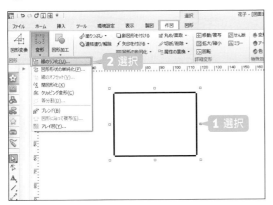

1 図形を選択します。

2 [作図] タブの [変形－線のラフ化] を選択します。

3 [線のラフ化] ダイアログボックスで [ラフ化の強さ] [分割数] [形状] [角] を設定します。

4 OK をクリックします。

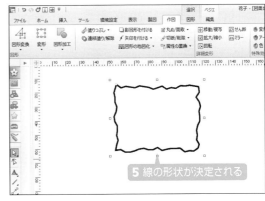

5 線の形状が決定されます。

HINT 線のラフ化の設定

線のラフ化では、その強さや分割数、形状や角の形を組み合わせて、多彩な設定ができます。

下図は手順 1 の画面と同じ長方形を、別の設定でラフ化したものです。

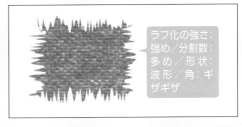

ラフ化の強さ：強め／分割数：多め／形状：波形／角：ギザギザ

ラフ化の強さ：弱め／分割数：少なめ／形状：ランダム／角：丸める

147 アレイ図

図形を規則正しく並べたい

アレイ図の機能を使うと、図形を縦と横に規則正しく複写できます。パターン模様や座席表など、同じ図形を数多く整然と並べたいときに便利です。

図形を縦横に複写する

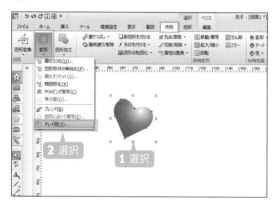

1 複写元となる図形を選択します。

2 [作図] タブの [変形−アレイ図] を選択します。

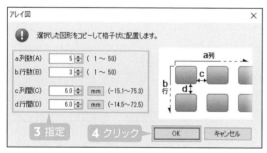

3 [アレイ図] ダイアログボックスで、複写したい列数と行数、列の間隔と行の間隔を指定します。

4 [OK] をクリックします。

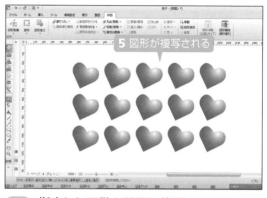

5 指定した回数と間隔で複写されます。

HINT 列間・行間の指定

列間と行間を「0」にすれば、隙間なく複写できます。マイナスの数字を指定すれば、元図と複写した図を重ねて複写できます。

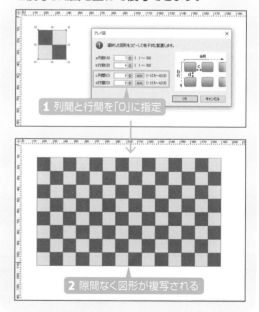

図形を回転しながら複写したい

　回転の中心位置や角度などを決め、円を描くように図形を複写することができます。花やクローバーなどのイラストが手軽に作れます。

図形を回転しながら複写する

1. 元図となる図形を選択します。

2. [作図] タブの [回転] をクリックします。

3. [回転] ダイアログボックスで [数値で指定] をオンにし、[角度] を指定します。

4. [連続指定] をオンにして複写の方法を選択し、[繰返回数] を設定します。

5. 詳細 をクリックします。

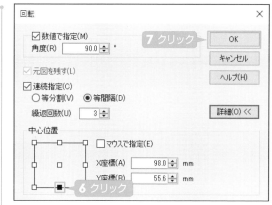

6. [中心位置] で、回転の中心にする位置をクリックします。

7. OK をクリックします。

MEMO

ここでは回転の中心を、図形の下部中央に指定しています。[マウスで指定] をオンにすると、図面上の自由な位置をクリックして、回転の中心を指定することができます。

8. 指定した位置を中心に回転しながら、指定した方法と角度で図形が複写されます。

149 図形加工

複数の図形を組み合わせて加工したい

図形加工の機能を利用すると、複数の図形を組み合わせてオリジナリティのある図形を作成できます。

図形を型抜きする

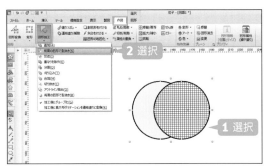

1 複数の図形を選択します。

2 [作図] タブの [図形加工－前面の図形で型抜き] を選択します。

3 前面の図形と重なっていた部分が削除されます。

MEMO

「前面の図形」とは、あとから挿入したり描いたりした、前面に表示されている図形です。「上の図形」とも呼びます。

➡ 図形の上下の変更については、172 ページへ

境界線を結合して 1つの図形にする

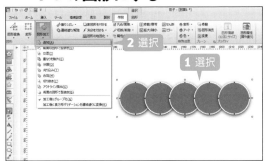

1 複数の図形を選択します。

2 [作図] タブの [図形加工－追加] を選択します。

3 重なっている図形の境界線が結合し、1つの図形になります。

150 位置合せ
複数の図形の位置をそろえたい

すでに配置した複数の図形の位置をそろえるには、「位置合せ」の機能を使います。図形同士の位置や間隔を正確にそろえることができます。

● 図形の位置を下にそろえる

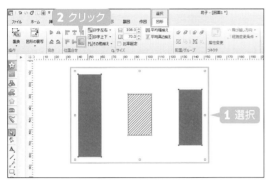

1 位置をそろえたい図形をすべて選択します。

2 [選択図形] タブの 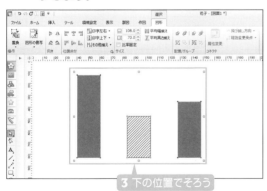 一部省略 [下揃え]をクリックします。

3 下の位置でそろう

3 すべての図形の下部が、選択範囲中で最下部にある図形の下部にそろいます。

HINT そのほかのそろえ方

図形を等間隔に配置したいときや、印字領域に対して中央に移動したいときなどは、[選択図形] タブの [その他揃え] をクリックして、目的に合うものを選択します。また、クリップウィンドウの [属性] タブにある位置合せパレットを利用して、位置をそろえることもできます。

HINT 延長線スナップのガイドに合わせて図形を配置

図形の移動中や描画中などに、グレーの線が表示されることがあります。これは、「延長線スナップ」のガイドで、マウスポインターを近くの図形の延長線上に合わせるためのものです。このガイドを利用して、ほかの図形の四隅や中心と位置を合わせて図形を配置できます。

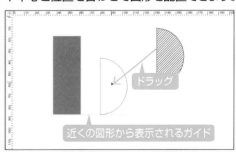

ドラッグ

近くの図形から表示されるガイド

151 図形上下

図形の上下を変更したい

　複数の図形を配置したとき、先に配置した図形が「下」、あとから配置した図形が「上」になります。この「上」と「下」の関係を変更します。

● 選択した図形を「最も下」に配置する

1 最も下に配置したい図形を選択します。

2 ［ホーム］タブで ［最も下］を選択します。

3 選択した図形が最も下に配置されます。

図形の上下を変更するアイコンは、［最も下］のほか、［最も上］、［1つ上］、［1つ下］もあります。選択しやすい図形を選び、アイコンを使い分けます。

HINT 図形リストパレットで図形の上下を入れ替える

図面上の図形を一覧にした「図形リストパレット」では、クリックしづらい位置の図形も容易に選択でき、そこから図形の上下を変更することもできます。図形リストパレットは、クリップウィンドウの任意のタブを開いて表示します。

複数の図形をまとめて扱いたい

「合成」は複数の図形を1つの図形として扱えるようにする機能です。「グループ化」は複数の図形を1つのグループとして扱える機能です。合成した図形を複数選択してグループ化したり、グループ化した図形を、さらに別のグループにまとめたりすることもできます。

図形を合成する

1 合成したい複数の図形を選択します。

2 ［ホーム］タブの 🔯 ［合成］をクリックします。

3 選択した図形が合成され、1つの図形となります。

> **MEMO**
>
> 合成した図形を解除するときは、［ホーム］タブの 🔯 ［合成解除］をクリックします。

図形をグループ化する

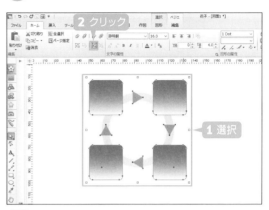

1 グループ化したい複数の図形を選択します。

2 ［ホーム］タブの 🔯 ［グループ化］をクリックします。

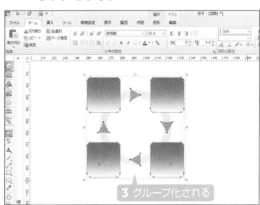

3 選択した図形がグループ化され、1つのグループとして扱えるようになります。

> **MEMO**
>
> グループを解除するときは、［ホーム］タブまたは［選択図形］タブの 🔯 ［グループ解除］をクリックします。

153 図形の選択
グループ化した図形の一部を選択したい

　グループ化した図形は、そのうちの特定の図形だけを選択して編集することができます。グループ化を解除して特定の図形を編集し、グループ化し直す、という手間はかかりません。

● グループ内の特定の図形だけを選択する

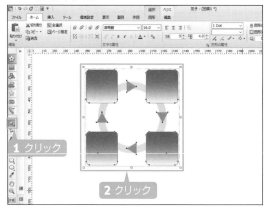

1 クリック

2 クリック

1 シンプルツールバーの [図形の選択（拡大／縮小）] をクリックします。

2 グループ化された図形をクリックして選択します。

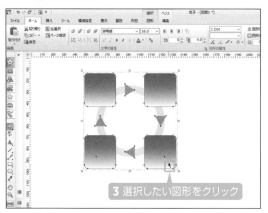

3 選択したい図形をクリック

3 グループ内の特定の図形をクリックします。

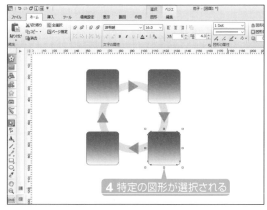

4 特定の図形が選択される

4 グループを解除することなく特定の図形を選択できます。

🔍 HINT　そのほかの選択方法

ここでは、シンプルツールバーの [図形の選択（拡大／縮小）] で特定の図形を選択する方法を紹介しました。グループを解除せずに特定の図形を選択するには、次の方法もあります。

・Shift キーを押しながらクリックする
・マルチコンテンツウィンドウの [作図] シートにある [図形の選択（グループ内選択）] でクリックする

どちらの方法も、先にグループ全体を選択する必要はありません。

[図形の選択（グループ内選択）]

154 UP! 部品

部品を呼び出したい

花子では、マルチコンテンツウィンドウの部品ファイルに登録された図形を「部品」と呼んでいます。円や長方形など基本的な図形から、さまざまなシーンで使えるイラストまで豊富に用意されています。自由にキーワードを入力して、部品を検索することもできます。

● 部品をフォルダツリーから探す

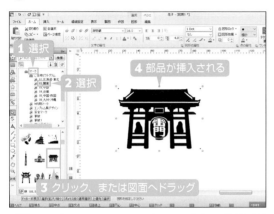

1. マルチコンテンツウィンドウの [部品] タブのフォルダツリーから、部品の種類を選択します。

2. 部品ファイルを選択します。

3. 一覧から、挿入したい部品をクリック、または図面へドラッグします。

4. 部品が挿入されます。

● 部品を検索する

1. [部品] シートの検索欄に、キーワードを自由に入力します。

2. 検索 をクリックします。

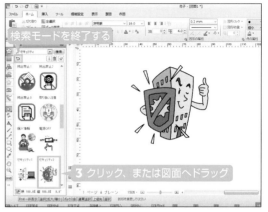

3. 部品が検索されます。使いたい部品をクリック、または図面へドラッグして挿入します。

HINT バラエティ豊かな部品を23,000点以上収録 UP!

花子には、バラエティに富んだ部品が23,000点以上登録されています。花子2021ではさらに、47都道府県それぞれを表現した「ご当地ピクト」や、各種イベントで使えるタイムテーブル、ランキング表、チャート図などが加わりました。部品は、花子の機能を利用して編集することができます。

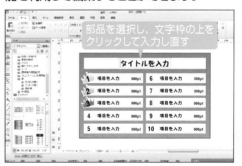

155 選択部品の縮尺で呼出

部品をいつも100%の大きさで呼び出したい

マルチコンテンツウィンドウから呼び出した部品や図形を拡大/縮小したり回転したりすると、次に呼び出す部品や図形も同じ縮尺、回転角で挿入されます。この設定を切り替えて、登録時の大きさで呼び出すことができます。

● 挿入時の縮尺のオン／オフを切り替える

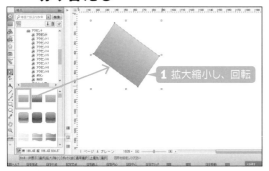

1 マルチコンテンツウィンドウから図形を挿入し、拡大縮小して回転します。

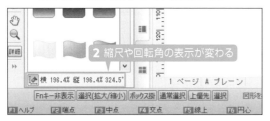

2 図形の縮尺や回転角の表示が変わります。

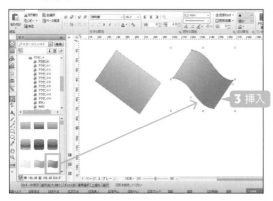

3 新たに図形をドラッグして挿入します。先に挿入した図形と同じ縮尺、回転角で挿入されます。

4 縮尺を100%、回転角を0.0°にもどすため、［選択部品の縮尺で呼出］をクリックしてオフにします。

5 に変わり、縮尺が100%、回転角が0.0°になります。

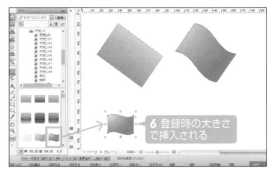

6 新たに図形をドラッグして挿入します。前回の図形と同じ縮尺ではなく、登録時の大きさ、回転角で挿入されます。

MEMO

［選択部品の縮尺で呼出］はマルチコンテンツウィンドウの［部品］シート、［基本図形］シート、［テンプレート図形］シートに用意されています。初期設定はオンの状態です。

文字を入力したい

文字入力には、文字入力ウィンドウを利用する方法と、図面をクリックして入力する方法とがあります。文字入力ウィンドウはワープロ感覚で入力でき、文字量の多い資料の作成に便利です。図面をクリックして、自由な位置に文字を入力することもできます。

文字入力ウィンドウに 文字を入力する

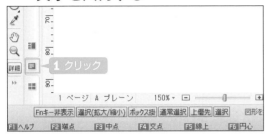

1 文字入力ウィンドウを表示するため、画面左下の ▣［文字入力］をクリックします。

2 文字入力ウィンドウ内の領域をクリックし、文字を入力します。

3 図面に反映されます。

MEMO

[Enter] キーを押すと、同じ項目（同じ文字枠）の中で改行されます。新しい項目（新しい文字枠）を作成するときは、項目の先頭または末尾で [Ctrl] + [Enter] キーを押します。

図面をクリックして 文字を入力する

1 シンプルツールバーの ▲［横組文字枠作成］をクリックします。

2 入力する位置でクリックします。

3 カーソルが表示されたら文字を入力し、確定したら [Esc] キーを押して、文字枠を閉じます。

MEMO

縦組文字枠を作成するには、シンプルツールバーの ▲［横組文字枠作成］をマウスのボタンで押し続けると表示される、▲ ［縦組文字枠作成］をクリックします。マルチコンテンツウィンドウの［作図］シートにある［文字の入力］グループからも選べます。

157 フォントパレット／カラースタイルパレット

文字を編集したい

文字フォントや文字色の変更は、クリップウィンドウのフォントパレットを利用すると便利です。マウスを合わせるとプレビュー表示されるので、イメージどおりのものを選択できます。縦組みへの変更や字間、行間などは、カラースタイルパレットで設定できます。

● フォント、文字サイズ、文字色を変更する

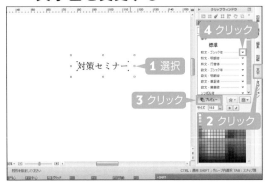

1 文字枠を選択します。

2 クリップウィンドウの［文字］タブをクリックします。

3 フォントパレットで、[プレビュー] をクリックします。

4 フォントの種類をクリックします。

5 フォントをクリックすると適用されます。

> **MEMO**
>
> 手順 **3** で [プレビュー] をクリックしているため、フォントにマウスポインターを合わせると、文字枠にプレビュー表示されます。

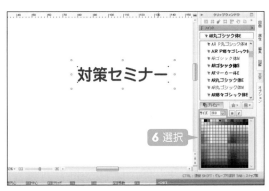

6 文字サイズや文字色を選択します。

> **MEMO**
>
> 文字枠は図形と同様、図面上でドラッグして自由な位置に移動できます。

● 縦組みに変更する

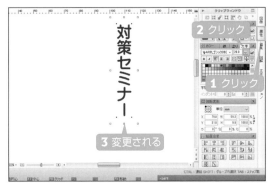

1 文字枠を選択し、クリップウィンドウの［属性］タブをクリックします。

2 カラースタイルパレットの［文字］タブで、[縦文書] をクリックします。

3 文字枠が縦組みに変更されます。

組み方やフォント、字間などを まとめて変更する

［文字枠スタイル（変更）］ダイアログボックス
を利用すると、組み方やフォント、字間などを
まとめて変更できます。［文字枠スタイル（変
更）］ダイアログボックスは、文字枠をクリック
すると表示される［文字枠編集］タブの［文
字枠スタイル］をクリックすると表示されます。

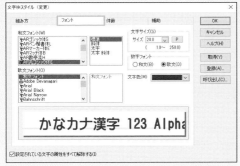

［フォント］シートでフォントやサイズをまとめて設
定できます。

［体裁］シートで字間や行間を設定できます。

文字単位で選択する

1 文字入力ウィンドウで、選択したい文字
をドラッグします。この状態でカラース
タイルパレットなどから、文字を編集し
ます。

図面から文字単位で選択する

図面の文字枠を、文字単位で選択することも
できます。
シンプルツールバーの ▷ ［図形の選択（拡大
／縮小）］で文字枠を選択し、もう一度クリック
します。文字枠が開き、カーソルが表示され
たら、ドラッグして文字単位で選択します。
なお、シンプルツールバーの ▲ ［横組み文字
枠作成］で文字枠をクリックしても、文字枠を
開くことができます。

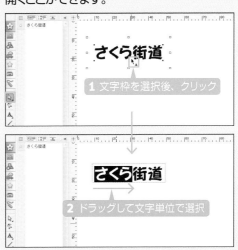

第**3**章　一太郎2021 プラチナ　〜花子2021編〜

179

158 横組文字枠作成

一定の文字数で折り返したい

決められたスペースに文章を入力するときは、折り返す位置を設定した文字枠を作成します。折り返す文字数は、あとから変更できます。

● 文字枠を作成する

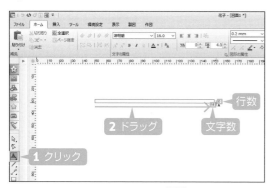

1 シンプルツールバーの ▲ [横組文字枠作成] をクリックします。

2 折り返したい文字数になるまでドラッグして、文字枠を作成します。

MEMO

ここでは横方向にドラッグして文字数のみを決め、行数は「0」としています。これは一定の文字数で折り返して行方向にだけ広がる「行自由」の文字枠です。

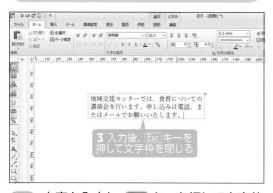

3 文字を入力し、Esc キーを押して文字枠を閉じます。

● あとから文字数を変更する

1 右上端の □ にマウスポインターを合わせます。

2 ドラッグして折り返しの文字数を変更します。

MEMO

上図のように、文字列が点線で囲まれた状態にするには、シンプルツールバーの ▷ [図形の選択（拡大／縮小）] で、文字枠を2回クリックします。
シンプルツールバーの ▲ [横組文字枠作成] で文字枠をクリックしても、同様です。

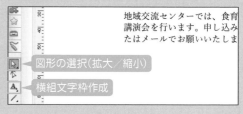

図形の選択（拡大／縮小）

横組文字枠作成

文章を段組にしたい

文章量の多い図面は、新聞や雑誌のように段を組むと読みやすくなります。段間を数値で指定したり、罫線を入れたりすることもできます。

段組の設定をする

1 文字枠を選択します。

2 [文字枠編集] タブの [文字枠スタイル] をクリックします。

MEMO

[文字枠編集] タブは、文字枠をクリックすると表示されます。

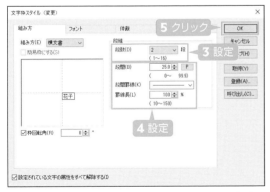

3 [文字枠スタイル(変更)] ダイアログボックスで、[段数] を「2」以上の数値に設定します。

4 段間の幅や段間罫線の有無などを設定します。

5 OK をクリックします。

6 文字枠に段組が設定されます。

HINT 段組を解除する

段組を解除するときは、文字枠を選択してから [文字枠スタイル (変更)] ダイアログボックスで [段数] を「1」に戻します。

160 ふりがな

ふりがなをふりたい

　一太郎で文書中の文字列にふりがなをふるのと同じように、花子でも、文字枠の中の漢字すべてにふりがなをふったり、指定した文字列だけにふったりすることができます。ふりがなは、文字枠を選択すると表示される[文字枠編集]タブから設定します。

● 指定した文字列だけに ふりがなをふる

1 文字枠を選択し、もう一度文字枠をクリックして点線の表示にしてから、ふりがなをふりたい文字列を範囲指定します。

2 [文字枠編集]タブの[ふりがな−ふりがな設定]を選択します。

> **MEMO**
>
> 文字枠全体にふりがなをふるときは、文字枠全体を選択した状態で、[文字枠編集]タブの[ふりがな−ふりがな設定]を選択します。

3 [ふりがな]を確認し、必要があれば修正します。

4 [ふりがな対象]や[ふりがな書式]、[書式]などを設定します。

5 OK をクリックします。

6 指定した文字列にふりがながふられます。

> **MEMO**
>
> ふりがなを解除したいときは、解除したい文字枠をクリックし、[文字枠編集]タブの[ふりがな−解除]を選択します。ふりがなをふったあとで、ふりがなを変更したいときも、一度解除をしてからふり直します。

HINT 漢字の学習レベルに応じて ふりがなをふる

[ふりがな設定]ダイアログボックスの 学年別漢字配当 をクリックすると、ふりがなをふる範囲を学年別に指定できます。たとえば、「博物館の見学」という文字枠を選択し、[小学三年以上で習う漢字にふります]を選択すると、小学三年以上で習う「博物館」という漢字だけにふりがながふられます。

161　文字付き図形

図形の中に文字を配置したい

「文字付き図形」は図形に文字を配置したものです。タイトルや図解など、さまざまなシーンで利用できます。図形の中の、文字の位置を指定することもできます。

● 図形に文字を入力する

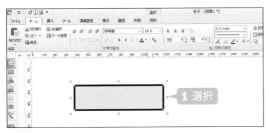

1 シンプルツールバーの 🔍 [図形の拡大／縮小] をクリックし、図形を選択します。

2 文字を入力し、Esc キーを押して文字枠を閉じます。

MEMO

文字色や文字サイズを変更するには、図形が選択されている状態で、クリップウィンドウのフォントパレットなどから設定します。

MEMO

文字付き図形の解除など、文字付き図形に関する設定は［文字枠編集］タブの［文字付き図形］グループから行えます。

HINT　文字を図形で囲む

文字を入力し、あとから図形で囲む方法もあります。文字枠を選択した状態で、[文字枠編集] タブの [図形で囲む] の ▼ をクリックし、文字を囲みたい図形を選択します。

HINT　図形と文字との位置関係を変更する

クリップウィンドウの［編集］タブに配置されている文字付き図形パレットでは、図形に対する文字枠の配置やマージンなどについての設定ができます。［文字枠編集］タブの［文字付き図形］をクリックしても同じ設定ができます。

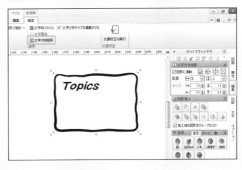

162 モジグラフィ／POP文字
目立つタイトル文字を作りたい

花子にはタイトル文字作成の機能として、「モジグラフィ」や「POP文字」があります。「モジグラフィ」には書籍の表紙やポスターなどに使えるキャッチーなサンプルがそろっています。「POP文字」では影やフチ取りの付いた、人目を引く文字が作れます。

● モジグラフィでタイトルを作成する

1 選択

1 [挿入] タブの [タイトル文字−モジグラフィ] を選択します。
➡ 一太郎で「モジグラフィ」を利用する方法は 48 ページへ

2 選択

3 入力

4 クリック

2 [モジグラフィ] ダイアログボックスでデザインを選択します。

3 [1行目] [2行目] のテキスト入力欄に、文字を入力します。

4 OK をクリックすると、タイトルが図面に挿入されます。

MEMO

モジグラフィで図面に挿入した文字は、1文字ずつ図形化され、さらに全体がグループ化された状態となっています。図形として編集できるので、1字のみ回転させたり、変形させたりといった編集も容易です。

➡ グループ化した図形の一部を選択する方法は 174 ページへ

HINT モジグラフィのデザインサンプル

[花子プラス] シートには花子の機能を使ったデザインのサンプルが、[シンプル] シートには一太郎に搭載されているデザインのサンプルが用意されています。

なお、花子プラスのデザインを使ったモジグラフィを一太郎に貼り付けると、正しく再現されないことがあります。その場合は、[作図] タブの [図形変換−図形のイメージ化] で、作成したモジグラフィをイメージ枠に変換してから貼り付けます。

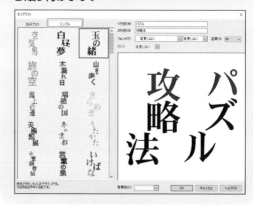

POP文字でタイトルを作成する

1 [挿入] タブの [タイトル文字- POP 文字] を選択します。

2 POP 文字パレットのテキスト入力欄に、文字を入力します。

3 [サンプル] シートで、デザインのサンプルを選択します。

> MEMO
>
> POP 文字のフォントや配色を変更すると、デザインの雰囲気が変わります。フォントは、POP 文字パレットの [サンプル] シートで変更します。配色は [設定] シートに切り替えて変更します。

4 POP 文字の周囲にある ▫ のいずれかをドラッグします。

5 🔳 [枠サイズの自動調節] をクリックします。

6 枠サイズが文字に合わせて調節されます。

7 終了 をクリックして POP 文字を確定します。

> MEMO
>
> POP 文字は、再編集できます。図面に挿入した POP 文字をダブルクリックすると POP 文字パレットが表示され、文字列やデザインを変更することができます。

> MEMO
>
> 花子のタイトル文字には、「エフェクト文字」もあります。文字枠全体を変形させることができる機能です。

163 アウトライン化

文字を図形のように扱いたい

アウトライン化の機能を使うと、入力した文字の輪郭線を抽出し、図形として扱うことができます。図形の編集機能を使って自由に変形できるので、目を引く文字が作成できます。

● 文字をアウトライン化する

1 文字を入力し、フォントを設定します。

> **MEMO**
>
> 色やサイズは図形としてあとから変えられますが、フォントはアウトライン化する前に決めておくとよいでしょう。
>
> ➡ 文字の入力については 177 ページへ
> ➡ フォントについては 178 ページへ

2 文字枠を選択します。

3 [文字枠編集] タブの [アウトライン化]をクリックします。

4 文字の輪郭線が抽出され、図形に変換されます。

5 塗り色やサイズなどを変更します。

> **MEMO**
>
> ここではカラースタイルパレットの [塗り]シートやテクスチャ塗りを使用しています。アウトライン化したあとは、フォントパレットから色を変えることはできません。

> **MEMO**
>
> 図形化した文字列はグループ化をしておくと、1つのまとまりとして移動や拡大・縮小ができます。グループ化を解除することなく、1文字だけ編集することも可能です。
>
> ➡ グループ化した図形の選択については、174 ページへ

QRコードを挿入したい

QRコードとは、スマートフォンなどのQRコードリーダーで情報が読み取れるコードです。URLをQRコードとして設定し、チラシや名刺に挿入すれば、目的のページへ簡単に誘導できます。メールアドレスや住所など、自由な文字を設定することもできます。

URLを設定する

1 [挿入] タブの [QRコード] をクリックします。

QRコードプレビュー

2 [QRコード] ダイアログボックスで、[URL] を選択します。

3 URLを入力します。

4 QRコードのサイズを選択します。

5 [OK] をクリックすると、図面にQRコードが挿入されます。

MEMO

[URL] の先頭文字列は、「http://」または「https://」のいずれかにします。

前に作成したURLを呼び出す

QRコードを作成したURLは、5つまで記憶されます。入力欄の ∨ をクリックすると、直近に作成したURLを一覧から選択できます。

クリックして一覧から選択

連絡先を設定する

[QRコード] ダイアログボックスで [文章] を選択すると、任意の文字列をQRコードに設定することができます。全角200文字まで入力でき、改行も使えるので、メールアドレスや住所といった連絡先や、紹介文、詳細説明などを自由に設定できます。

MEMO

作成したQRコードは、正しく読み取れるかどうか、スマートフォンやバーコードリーダーでテストしておくと安心です。

165 寸法線

寸法線を描きたい

図形の寸法を表示するには、寸法線の機能を使います。数値は描画された図形のサイズに基づいて自動で表示することもできますが、手入力することもできます。

手入力するための設定をする

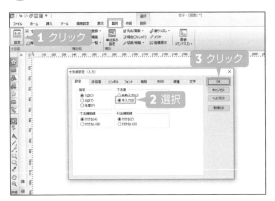

1. [製図] タブの [設定] をクリックします。

2. [寸法線設定（入力）] ダイアログボックスの [寸法値] で [手入力] を選択します。

3. OK をクリックします。

水平寸法線を描く

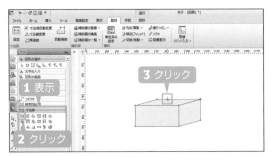

1. マルチコンテンツウィンドウの [作図] タブで [寸法線] を表示します。

2. [水平寸法線] をクリックします。

3. 寸法線を付けたい辺をクリックします。

4. [寸法線文字列] ダイアログボックスの [手入力文字列] に寸法値を入力します。

5. OK をクリックします。

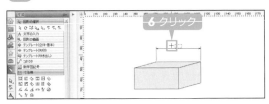

6. 寸法線が表示されます。寸法線を描く方向を決めてクリックします。

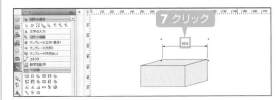

7. 寸法値を表示する枠を左右にドラッグし、位置を決めてクリックすると寸法線が配置されます。

MEMO

Shift キーを押しながら寸法値の枠をクリックすると、寸法線の中央に配置できます。

MEMO

あとから寸法線の設定を変更するには、寸法線を選択してから [製図] タブの [設定] をクリックします。文字位置や文字の向き、文字サイズやフォントも変更できます。

166 数学図記号

数学図記号を描きたい

算数や数学の図形に関する教材を作成するときは、図形のサイズや状態を示すための、さまざまな記号を使います。花子には辺や角に付ける代表的な数学図記号が用意されています。

● 等辺記号を付ける

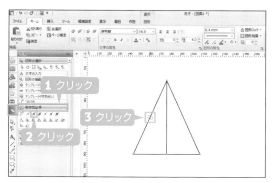

1 マルチコンテンツウィンドウの [作図] タブで [数学図記号] をクリックします。

2 ☒ [等辺記号 2] をクリックします。

3 等辺記号を付けたい辺をクリックします。

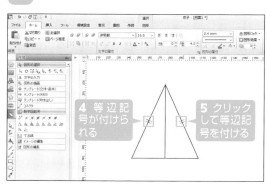

4 指定した辺に等辺記号が付けられます。

5 長さが等しい辺をクリックして、等辺記号を付けます。

● 角度を自動入力できる 角度記号を付ける

1 マルチコンテンツウィンドウの [作図] タブで [数学図記号] をクリックし、 [角度記号 (値)] をクリックします。

2 角度記号を描きたい位置にマウスポインターを合わせ、クリックします。

3 角度記号と値が付けられます。

> **MEMO**
>
> 値のサイズは、リボンやクリップウィンドウなどから変更できます。
> あらかじめフォントや線種を設定することもできます。数学図記号をクリックしたあとシンプルツールバーの[詳細]をクリックし、表示される [数学図記号の設定（入力）] ダイアログボックスで設定します。

167 バラエティ用紙

本のカバーと帯を作成したい

花子では、さまざまな「用紙」を作成できます。ここでは、ブログや小説などを本にまとめるときに使える表紙やカバーを作成します。

● カバーと帯を作成する

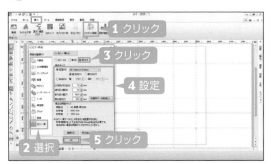

1 [挿入] タブの[バラエティ用紙] をクリックします。

2 [バラエティ用紙] ダイアログボックスで [カバー・帯] を選択します。

3 カバーと帯の両方を作成するため、[両方] を選択します。

4 表紙サイズや背表紙の幅、帯の高さなどの設定をします。

5 [OK] をクリックします。

MEMO

カバーと帯を作る場合、[図面スタイル設定] で、あらかじめ大きめの用紙を設定しておきます。印刷所に出すデータとして作る場合は、お手持ちのプリンターが非対応の用紙サイズでもかまいません。ここでは A5 判の本の表紙を作りますが、トンボも表示するために A2 用紙を設定しています。トンボは印刷物の裁断位置などを示すマークで、印刷後に裁ち落とされます。

➡ 用紙の設定については 150 ページへ

 スケールガイドの設定

図面の水色の線は、スケールガイドと呼ばれる作図の目安の線です。印刷はされません。黒で表示されているのはトンボです。トンボとトンボを結ぶようにスケールガイドが表示されているので、裁断線や塗り足し幅が分かりやすくなっています。塗り足しについては、右ページの HINT を参照してください。

スケールガイドが見づらいときは、色を変更するとよいでしょう。[表示] タブの [スケールガイド－設定] を選択すると [スケールガイドの設定] ダイアログボックスが表示され、一覧から色を選択できます。

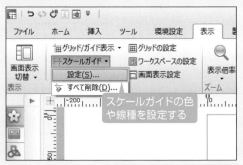

スケールガイドを非表示にするには、[表示] タブの [グリッド / ガイド表示－スケールガイド] を選択します。再度選択すれば、スケールガイドが表示されます。

6 図形や部品、文字などを配置して、カバー
や帯を作成します。

MEMO

マルチコンテンツウィンドウの［部品］タブ
や［画像］タブには、表紙用の背景イメー
ジや装飾用のイラストが用意されています。

MEMO

背景に文字や図形を重ねて配置するときに
は、背景と、文字や図形とでプレーンを分
けると操作しやすくなります。
また、帯を付ける場合は、カバー下部が帯
で隠れることなども考慮してデザインしてく
ださい。
➡プレーンについては 196 ページへ

 塗り足し幅

カバーや帯の背景となる図形は、塗り足し幅
に重なるように配置します。大きめに背景を
作り、その内側の線で裁断すると、余白が白
く入ることなく美しく仕上がるためです。

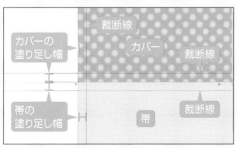

MEMO

花子で作成したデータの印刷を印刷所に依
頼する場合は、Photoshop 形式など、印
刷所に指定された形式で保存をします。
Photoshop 形式で保存するには、［ファイ
ル－他形式の保存／開く－ Photoshop 形
式で保存］を選択します。
なお、ほかの形式で保存する場合は、その
前に花子形式でも保存をしておきましょう。
データを修正するときに便利です。

MEMO

バラエティ用紙には、学習や趣味に役立つ立
体展開図や楽譜、図を描くときの目安となる
パースグリッドや方眼紙などが用意されてい
ます。

168 画像・イメージデータを開く

写真を挿入したい

スマートフォンやデジタルカメラなどで撮影した**写真**をパソコンに保存すれば、花子に挿入することができます。トリミングして、不要な部分を切り取ることもできます。

写真を挿入する

1 マルチコンテンツウィンドウの［画像］タブをクリックします。

2 一覧の一番下にある［デスクトップ］をクリックします。

3 写真を保存したフォルダーを選択します。

4 挿入したい写真を選択します。

5 ［イメージ枠のサイズ指定］ダイアログボックスが表示された場合は、写真のサイズを指定します。［キャンセル］をクリックすると、等倍で挿入されます。

6 OK をクリックすると、写真が挿入されます。

［イメージ枠のサイズ指定］ダイアログボックスで写真の縦横のサイズを指定すると、次に同じ操作をしたときに前回の値が反映されるので、同じサイズで写真を挿入することができます。
なお、クリック操作で続けて写真を挿入するときは、最初に挿入した写真の選択を解除してから操作します。解除しないと、選択している写真と置き換わります。

 選択を解除してから、次の写真をクリックで挿入

写真のサイズはあとから変更できます。写真の周囲の□をドラッグして、図形と同様に変更します。回転については右ページのHINTを参照してください。

HINT 花子フォトレタッチを使う

図面に挿入した写真をダブルクリックすると、花子フォトレタッチが起動します。花子フォトレタッチは写真をさまざまに加工できるソフトウェアです。ここで設定した加工は、花子に挿入した写真に反映されます。
花子の画面に戻るには、[ファイル－花子フォトレタッチの終了]を選択します。

写真をトリミングする

1. トリミングしたい写真を右クリックします。

2. ショートカットメニューの［トリミング］を選択します。

3. ［イメージ枠のトリミング］ダイアログボックスの「縦横比」を選択します。

4. 周囲のロをドラッグしたり、枠全体をドラッグしたりして、残したい部分が枠の中に収まるように調整します。

5. ［OK］をクリックすると、写真がトリミングされます。

MEMO

トリミングを実行すると、画像が粗く見えることがあります。その場合はトリミングした画像を右クリックし、ショートカットメニューから［等倍に戻す］を選択します。

 写真を回転する

挿入した写真を回転させたいときは、写真を右クリックしてショートカットメニューを表示し、［イメージ枠の回転・反転］にマウスポインターを合わせ、回転方法を選択します。
自由な角度で回転させたいときは花子フォトレタッチを使います。写真をダブルクリックして花子フォトレタッチを起動し、［画像］メニューから［自由回転］を選択します。

写真に効果を付ける

［作図］タブや、クリップウィンドウの［編集］タブにある効果パレットから、写真に楽しい効果を付けることができます。効果によってはダイアログボックスが表示され、詳細な設定ができるようになっています。
花子フォトレタッチから効果を付けることもできます。

169 サムネイル

サムネイルでページを操作したい

複数ページの資料を作るときは、サムネイルを利用すると効率的です。サムネイルは図面を縮小して表示する機能です。ファイルの全体の構成が一覧でき、ページの切り替えや移動などがスピーディーに行えます。

● 2ページ目に切り替える

1 画面下部の ▤ ［サムネイル］タブをクリックします。

2 サムネイルが表示されたら、2ページ目をクリックします。

> **MEMO**
>
> ページ切り替えは、図面左下にあるページを表示しているボタンや、図面右下の ▲ ▼ からも可能です。ページの挿入や削除は、サムネイル上部の ▤ ［メニュー］をクリックして、一覧から選択します。

3 2ページ目に切り替わります。このようにページを切り替え、複数ページのデータを作成します。

● ページを移動する

1 移動するページをドラッグします。

> **MEMO**
>
> Ctrl キーを押しながらページをドラッグすると、そのページがコピーされます。ページの挿入や削除をするときは、サムネイルの上で右クリックします。

全ページに同じ背景を入れたい

花子には、基本的な通常ページのほかに背景ページがあります。背景ページに入力した図形は、通常ページの全ページに表示されます。

● 背景ページを作成する

1 画面下部の ▦ ［サムネイル］タブをクリックします。

2 通常ページのサムネイルが表示されます。▤ ［メニュー］をクリックします。

3 ［背景ページ］を選択します。

> **MEMO**
>
> ここでは、あとで背景ページが確認できるよう、複数ページを一覧できる［サムネイル］を開いています。

> **MEMO**
>
> 背景ページに配置した図形や文字は通常ページでは編集できません。そのため、通常ページを編集中に背景ページのレイアウトが崩れることはありません。

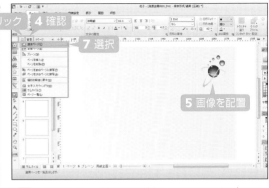

4 背景ページに切り替わったことを確認します。

5 背景ページの１ページ目に画像や図形などを配置します。

6 通常ページに切り替えるため、▤ ［メニュー］をクリックします。

7 ［通常ページ］を選択します。

8 通常ページに切り替わります。サムネイルで、全ページに同じ背景が表示されていることが確認できます。

171 プレーン

プレーンに分けて作図したい

　花子では、図形や文字枠などの１つ１つに A から N までのプレーン番号を割り当てて管理しています。初期値は A プレーンです。図形によって入力プレーンを変え、特定のプレーン番号の図形だけを選択したり、表示したりすれば、効率的に作図できます。

● 入力プレーンを切り替える

現在のプレーンを表示　1 クリック　2 クリック

1. 初期値である A プレーンに図形を配置し、クリップウィンドウの［図面］タブをクリックします。

2. プレーンパレットの B をクリックします。

4 図形や文字を配置　3 切り替わる

3. 入力プレーンが切り替わります。この状態で配置した図形や文字は B プレーンに入力されます。

4. 図形や文字を配置します。

MEMO

どのプレーンに入力しても、先に描いた図形はあとから描いた図形の「下」となります。背景をあとから描いた場合は図形の上下を変更し、先に配置した図形や文字が見えるようにします。

▶図形上下については 172 ページへ

● A プレーンを非表示にする

2 クリック　1 選択

1. プレーンパレットで A プレーン以外のプレーンを選択します。

2. A プレーンの 🔳 をクリックします。

3 A プレーンの内容が非表示になる

3. 🔳 が □ となり、A プレーンの内容が図面上で非表示になります。図形の選択も不可になるため、それを示す 🔒 も表示されます。

MEMO

プレーンパレットでは、プレーン名や 🔳、その左側の □ をクリックして、入力プレーンや内容の表示／非表示、選択可／不可を切り替えます。下図のように切り替えると、B プレーンに入力、A プレーンは表示されているが選択できない状態となり、誤って A プレーンの図形を選択することなく、B プレーンの編集ができます。

172 図面切替パレット
別の図面に素早く切り替えたい

複数の花子の図面を開いて参照・編集をしているとき、クリップウィンドウからファイルを切り替えることができます。

図面を切り替える

1 クリップウィンドウの［図面］タブをクリックします。

2 図面切替パレットで、表示したいファイル名をクリックします。

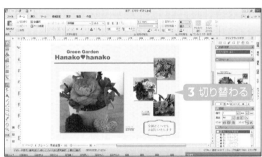

3 図面が切り替わります。

MEMO

［表示］タブの［図面切り替え］で、ファイルを切り替えることもできます。

HINT 見えていないファイル名の表示

 ＼ ∨ をクリックすると、見えていないファイル名を表示できます。

HINT クリップウィンドウの操作

クリップウィンドウには、花子の編集に便利なパレットが配置されています。タブをクリックして、必要なパレットを表示します。
クリップウィンドウを閉じるには、開いているタブをもう一度クリックするか、▶［最小化する］をクリックします。

173 名前を付けて保存／他形式の保存

図面を保存したい

図面の作成を始めたら、早めに名前を付けて保存しましょう。通常の花子の形式で保存するほか、PDF形式などほかの形式で保存したり、選択した図形を画像として保存したりすることもできます。

● 図面を保存する

1 [ファイル－名前を付けて保存] を選択します。

2 [名前を付けて保存] ダイアログボックスの [場所] で、ファイルの保存場所を選択します。

3 [ファイル名 /URL] にファイル名を入力します。

4 [OK] をクリックすると、保存されます。

MEMO

画像などイメージ枠のある図面は、[保存形式] で [通常（圧縮）] を選択すると、ファイルサイズを小さくして保存できます。

上書保存をする

図面に名前を付けて保存をしたあとで編集を加えたら、上書き保存をします。上書保存も [ファイル] メニューに用意されています。ショートカットキーは [Ctrl] ＋ [S] キーです。こまめに上書保存をすると、データ消失などのトラブルを最小限にすることができます。

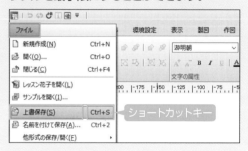

● 他形式で保存する

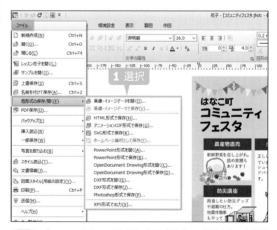

1 [ファイル－他形式の保存／開く] を選択します。さらに、保存したい形式を選択します。

PDF形式で保存する

花子で作成したファイルを配布する場合は、花子がインストールされていない環境でも表示できる PDF 形式で保存するとよいでしょう。PDF 形式で保存するには、[ファイル－ PDF 保存] を選択します。[PDF 形式で保存] ダイアログボックスが表示されたら、ファイルの保存先やファイル名を入力し、OK をクリックします。

MEMO

PDF 形式など他形式で保存する前には、花子の形式でも保存しておくと、花子であとから修正などができて便利です。

バックアップファイルを利用する

花子では図面を閉じたとき、または文書を保存・上書保存するたびに、更新された図面のバックアップを作成します。[ファイル－バックアップ] を選択すると、バックアップの操作や設定ができます。

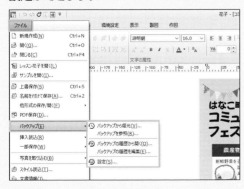

図形を JPEG画像として保存する

1 画像として保存したい図形を選択します。

2 [ファイル－他形式の保存／開く－画像・イメージデータで保存] を選択します。

3 [画像・イメージデータで保存] ダイアログボックスで、ファイルの保存先を選択し、ファイル名を入力します。

4 [保存形式] で、[JPEG 形式] を選択します。

5 OK をクリックします。さらに設定画面が表示されるので、必要な設定をして保存します。

MEMO

画像として保存した図形は、ほかのアプリケーションでも使えます。JPEG のほか、BMP、PNG など全部で 10 種類の形式から選択できます。

174 印刷

図面を印刷したい

　図面が完成し、保存をしたら、部数などを指定して印刷をします。拡大縮小印刷や、複数ページを1枚に割り付けるレイアウト印刷などの印刷方法もあります。

● ページや部数を指定して印刷する

1 ［ファイル－印刷］を選択します。

2 ［印刷］ダイアログボックスの［範囲］で、印刷するページや部数を設定します。

3 OK をクリックして印刷します。

> ### MEMO
>
> ［印刷］ダイアログボックスで設定を変更すると、キャンセル が 終了 に変わることがあります。このとき、終了 をクリックすると、印刷はしないで設定を終了します。次回、［ファイル－印刷］を選択すると、その設定が表示されます。

● 拡大縮小印刷をする

1 ［印刷］ダイアログボックスの［特殊印刷］の［印刷方法］で、［拡大縮小］を選択します。

2 ［出力用紙］で、実際に印刷する用紙サイズを選択します。

3 ［出力用紙に合わせる］を選択します。

4 OK をクリックして印刷します。

> ### MEMO
>
> 拡大縮小印刷を選択すると、図面スタイルを変更することなく印刷の出力サイズを変更できます。

> ### HINT レイアウト印刷をする
>
> 1枚の用紙に複数のページを印刷したいときは、レイアウト印刷の設定をします。［特殊印刷］の［印刷方法］で、［レイアウト］を選択し、［レイアウト数］で1枚の用紙に印刷するページ数を選択します。

一太郎2021 プラチナ ～その他ソフト編～

第4章では、「一太郎2021 プラチナ」に搭載の、ATOK連携電子辞典「新明解国語辞典 for ATOK」、「新明解類語辞典 for ATOK」、PDFソフト「JUST PDF 4［作成・編集・データ変換］」、音声読み上げソフト「詠太11」、表計算ソフト「JUST Calc 4 /R.2」、プレゼンテーションソフト「JUST Focus 4 /R.2」についての機能を解説しています。

175 NEW! 電子辞典検索

変換中の言葉の意味を電子辞典で調べたい

ATOK連携辞典として、三省堂の国語辞典「新明解国語辞典 for ATOK」(以下、新明解国語辞典)が「一太郎 2021 プラチナ」に搭載されました。ATOKの変換中の言葉の意味を、最新の国語辞典ですぐに調べることができます。

● 候補ウィンドウの候補の意味を調べる

1 「こうせい」と入力します。

2 Space キーを押して変換します。「構成」と変換されます。

3 もう一度 Space キーを押して候補ウィンドウを開きます。

4 Space キーを何回か押して「校正」を選択します。

MEMO

表示される候補の順番は、ATOK の学習状態によって異なります。

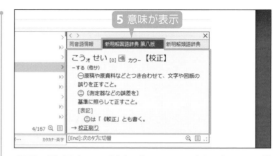

5 意味が表示

5 情報ウィンドウが開いて、新明解国語辞典で意味が表示されます。

HINT 同音語情報と電子辞典の情報

候補ウィンドウでは、候補の右側にマークが表示されます。マークの意味は次のとおりです。なお、何も表示されない場合は、情報ウィンドウに表示する情報がないことを意味します。

▶ 同音語情報があることを意味します。選択して少し待つと、同音語情報のウィンドウが開き、単語の意味や使い方の説明が表示されます。

〉 電子辞典の情報があることを意味します。選択して少し待つと、電子辞典のウィンドウが開きます。

▶〉 同音語と電子辞典の両方の情報があることを意味します。選択して少し待つと、両方のウィンドウが開きます。

MEMO

手順 1 で Space キーを 1 回押して目的の候補に変換された場合は、続けて End キーを押すことで、すぐに情報ウィンドウを開くことができます(204 ページ参照)。

電子辞典ウィンドウの操作

新明解国語辞典のウィンドウにある 🔊 をクリックすると、言葉の発音を音声で確認することができます。また、候補ウィンドウ右下の ⊕ をクリックすると文字の表示倍率を変更できます。 ▤ をクリックするとメニューが開きます。メニューの［確定］を選択すると辞書の内容をカーソル位置に挿入でき、［コピー］を選択するとクリップボードにコピーできます。

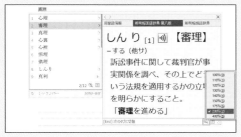

右下の ⊕ ［拡大表示］をクリックすると開くメニューで表示倍率を変更できます。

右下の ▤ をクリックすると開くメニューで［確定］を選択するとカーソル位置に情報を挿入できます。

関連項目を調べる

新明解国語辞典のウィンドウには、関連する言葉がリンクとして表示されます。クリックすると、その言葉について調べることができます。

↓

情報ウィンドウの表示／非表示／タブの切り替え

情報ウィンドウが開いた状態では、次のキー操作で、表示／非表示の切り替えやタブの切り替えができます。

・ Shift ＋ End キー……情報ウィンドウを閉じる
・ End キー……情報ウィンドウを開く（情報ウィンドウが閉じているとき）
・ End キー……情報ウィンドウのタブを順番に切り替える（情報ウィンドウが開いているとき）

新明解国語辞典／類語辞典

調べたい言葉を入力して、すぐに電子辞典で調べたい

新明解国語辞典には、7万9000もの項目が収録されています。調べたい言葉がある場合は、候補ウィンドウを開かないで、直接調べることもできます。ここでは、「ダイバーシティー」「世界記憶遺産」を調べる方法を説明します。

●「ダイバーシティー」を調べる

1 「だいばーしてぃー」と入力します。

2 Space キーまたは F7 キーを押して「ダイバーシティー」に変換します。

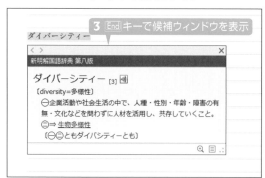

3 End キーを押して情報ウィンドウを表示し、「ダイバーシティー」を調べます。

> **MEMO**
>
> 手順 **2** で目的の候補に変換できなかった場合は、さらに Space キーを押して候補ウィンドウを表示し、目的の候補を選択します（202ページ参照）。

●「世界記憶遺産」を調べる

1 「せかいきおくいさん」と入力します。

2 Space キーを押して「世界記憶遺産」に変換します。

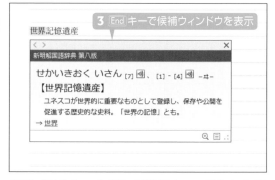

3 End キーを押して情報ウィンドウを表示し、「世界記憶遺産」を調べます。

ATOKイミクルを使って文書中の言葉を電子辞典で調べたい

　一太郎で文書作成中や Web ページの閲覧中に調べたい言葉がある場合は、文書やページ中の言葉を選択して Ctrl キーを 2 回押すことで、ATOK イミクルというツールを起動して新明解国語辞典を呼び出し、言葉の意味を調べることができます。

● 一太郎の文書中の言葉を調べる

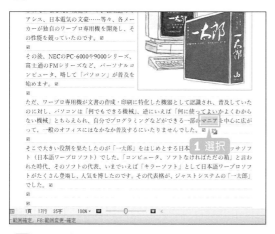

1　一太郎の文書中で調べたい言葉を選択します。

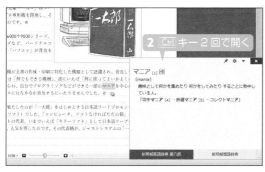

2　Ctrl キーを 2 回押すと電子辞典のウィンドウが開き、新明解国語辞典で意味が表示されます。

MEMO

ATOK イミクルのウィンドウはマウスポインターのある位置に開きます。なお、本機能を利用するには、ATOK プロパティの［電子辞典検索］タブで［電子辞典を検索する］がオンになっている必要があります。

HINT ATOKイミクルを先に起動して調べる

言葉を選択しないで Ctrl キーを 2 回押すと、ATOK イミクルが単独起動します。この状態で検索ボックスにキーワードを入力して Enter キーを押すと、その言葉の意味を調べることができます。

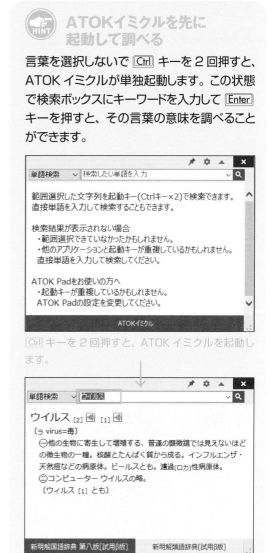

Ctrl キーを 2 回押すと、ATOK イミクルを起動します。

検索ボックスにキーワードを入力して Enter キーを押し、言葉の意味を調べます。

178 NEW!! 辞書引きツールパレット

辞書引きツールパレットを使って単語の意味を調べたい

🔖 ／ツールパレット▶辞書引きツールパレット

　ここまでに紹介したように、どのアプリケーションでの作業中でも、ATOKを使っているときは新明解国語辞典を利用できます。一太郎での文書作成中なら、辞書引きツールパレットを利用して意味を表示することもできます。編集画面を隠さないで作業したいときなどに便利です。

● 辞書引きツールパレットを表示する

1 基本編集ツールパレットの 🔖 ［辞書引きツールパレット表示］をクリックします。

2 辞書引きツールパレットに切り替わり、新明解国語辞典などの利用可能な辞書が表示されます。

● 単語の意味を調べる

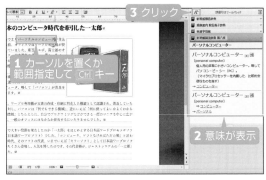

1 意味を調べたい単語にカーソルを置くか範囲指定して、Ctrl キーを押します。

2 辞書引きツールパレットの各辞書のパレットに、単語の意味が表示されます。

3 A⁺ ［戻る］をクリックすると、基本編集ツールパレットに戻ります。

> ### HINT 基本編集ツールパレットに［辞書引き］パレットを表示
>
> 📋 ［メニュー］をクリックして［オプション］を選択すると開くダイアログボックスで、［利用可能なパレット］から［辞書引き］を選択して 追加 をクリックすることで、基本編集ツールパレットに［辞書引き］パレットを追加できます。
>
>

179 NEW! 類語検索

新明解類語辞典で類語を調べたい

「一太郎2021 プラチナ」には、新明解国語辞典とともに「新明解類語辞典 for ATOK」（以下、新明解類語辞典）も搭載されています。「新明解類語辞典」の言葉は、似た表現に変換できる連想変換の候補として表示されます。さまざまな表現を探したいときに便利です。

● 新明解類語辞典で似た表現を調べる

1 「であい」と入力します。

2 [Space] キーを押して「出会い」に変換します。

3 [Ctrl] + [Tab] キーを押して連想変換の候補を表示します。この例では [標準連想変換辞書] の候補が表示されています。

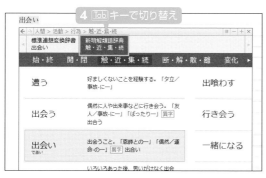

4 [Tab] キーを押して [新明解類語辞典] タブに切り替えます。

5 [Space] キー、カーソルキー（矢印キー）などを利用して、入力したい言葉を選択します。

6 [Enter] キーを押して入力します。

> **MEMO**
>
> 連想変換の候補に複数のタブが表示された場合は、[Tab] キーを押すことでタブを切り替えることができます。

> **MEMO**
>
> 言葉によっては、連想変換候補がない場合があります。

180 [作成] PDF作成

一太郎や花子、ExcelのファイルからPDFを作成したい

「JUST PDF 4 [作成・編集・データ変換]」は、PDFの作成、編集、データ変換の機能を搭載し、文書活用の幅を広げるソフトです。「JUST PDF 4 [作成]」は、ファイル形式の異なる複数のファイルをまとめて PDF化できるので、関連ファイルを 1 つの PDFにできます。

「JUST PDF 4 [作成]」を起動

1. デスクトップのショートカットアイコンをダブルクリックし、「JUST PDF 4 [作成]」を起動します。

2. 追加 をクリックし、PDF にしたいファイルを指定します。1 つの PDF にまとめたいファイルを、次々と指定していきます。

3. [1 つのファイルにする] のチェックをオンにします。

4. 実行 をクリックします。

MEMO

上から順につないで 1 つの PDF にします。順番を変更したい場合は 上へ移動 下へ移動 をクリックして調整します。

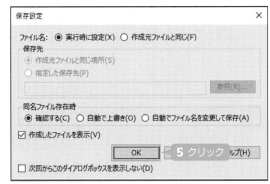

5. OK をクリックします。[名前を付けて保存] ダイアログボックスが開くので、保存する場所やファイル名を指定して 保存 をクリックします。

🖐 HINT アドインでアプリケーションからPDF化する

一太郎や Excel などから「アドインボタン」で PDF を作成できます。一太郎のメニューから [JUST_PDF_4 − PDF に変換] を選択する方法もあります。エクスプローラーからは、ファイルの右クリックで PDF 作成が可能です。

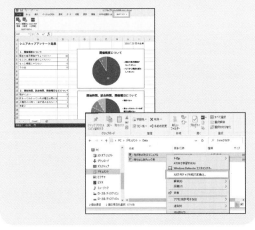

すかしを設定してPDFを作成したい

すかしを設定したPDFを作成できます。原本や機密文書など、内容に応じたすかしを全ページに入れたPDFを作成できます。あらかじめ用意されているすかしのほか、「至急回覧」「必読」などオリジナルのテキストを登録して利用することも可能です。

すかしを入れる

1 PDFにしたいファイルを追加したら、[すかし]の 編集 をクリックします。

MEMO

[すかし]の[なし]の部分をクリックして、リストから選ぶこともできます。

2 [すかし設定]ダイアログボックスが開くので、[一覧]からすかしを選択します。右側のプレビューですかしを確認します。

3 OK をクリックして、通常どおりPDFを作成します。

➡ PDFを作成する方法は 208 ページへ

HINT フォントや不透明度を変更する

すかしの設定を変更したい場合は、[すかしの設定]ダイアログボックスで変更できます。「極秘」のすかしを変更する方法を説明します。

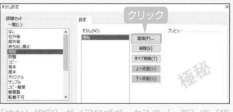

[すかし設定]ダイアログボックスの[一覧]で[極秘]を選択したら、[追加]をクリックします。

[すかし一覧]で[極秘]を選択し、[設定]をクリックします。

[すかしの設定]ダイアログボックスが開くので、フォントや不透明度などを設定し、OK をクリックします。ダイアログボックスを閉じ、PDFを作成すると、設定を変更したすかしが入ります。

182 ［作成］セキュリティ設定

セキュリティを設定してPDFを作成したい

印刷や編集に制限をかけた、セキュリティを設定したPDFを作成できます。表示や印刷はできても編集は許可しない、表示のみで印刷も編集も許可しないなど、希望に応じたセキュリティを設定できます。パスワードの設定も可能です。

● セキュリティを設定する

1 PDF にしたいファイルを追加したら、［セキュリティ］の 編集 をクリックします。

> **MEMO**
> ［セキュリティ］の［なし］の部分をクリックして、リストから選ぶこともできます。

2 ［セキュリティ設定］ダイアログボックスが開くので、［一覧］からセキュリティを選択します。右側に設定内容が表示されます。

3 ファイルを開くパスワードを設定する場合は 変更 をクリックします。

4 ［パスワードによる文書の保護］ダイアログボックスが開くので、［開く操作をパスワードで制限する］のチェックをオンにします。

5 設定 をクリックします。

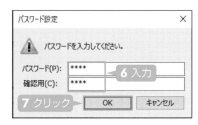

6 ［パスワード設定］ダイアログボックスが開くので、パスワードを入力し、確認用に再度入力します。

7 OK をクリックして、通常どおり PDF を作成します。

> ⇒ PDF を作成する方法は 208 ページへ

> **MEMO**
> パスワードを忘れると、PDF を開けなくなったり、制限を変更・解除できなくなったりします。忘れないように注意してください。

等倍や見開きなど、開いたときの状態を設定したい

PDFを開いたときの状態を設定できます。PDFは、複数の人に配布するときに利用することが多い形式です。閲覧する際、等倍（100%）で見てほしい、見開きで表示させたいなど、目的に応じた設定が可能です。

PDFを開いたときの状態を設定する

1 PDF にしたいファイルを追加したら、[一般] の 編集 をクリックします。

2 [一般設定] ダイアログボックスが開くので、[開き方] タブに切り替えます。

3 [ページ表示] で表示方法を選択します。

> **MEMO**
>
> [先頭を表紙として扱う] のチェックをオンにすると、見開き表示の 1 ページ目を右に、2 ページ目以降を見開きで表示できます。

4 [表示倍率] で表示倍率を選択します。等倍表示のほか、ページの幅や高さに合わせることができます。

5 設定できたら OK をクリックして、通常どおり PDF を作成します。

➡ PDF を作成する方法は 208 ページへ

> **MEMO**
>
> [表示倍率] で [倍率指定] を選択すると、任意の倍率を指定できます。
> [初期表示ページ] でページを指定すると、指定したページを表示してファイルが開きます。複数ページに渡る文書で、見せたい文書を指定したいときに便利です。

6 作成した PDF を開いて確認します。上は [見開き] [ページの幅に合わせる] を選択した場合、下は [連続] [ページの高さに合わせる] を選択した場合です。

184 [編集]ページの挿入

複数のPDFファイルを1つにまとめたい

複数のPDFファイルを1つのPDFに統合することができます。関連するバラバラのPDF資料を1つにまとめる、といったことが可能です。また、PDFファイルの必要なページだけを抜き出して別ファイルとして保存することもできます。

● 「JUST PDF 4 [編集]」を起動

1 デスクトップのショートカットアイコンをダブルクリックし、「JUST PDF 4 [編集]」を起動します。

2 メニューの [ファイル－開く] を選択し、編集したいファイルを開きます。

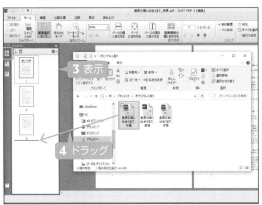

3 [サムネイル] をクリックしてサムネイルパネルを表示します。

4 挿入したいファイルを、挿入したい個所にドラッグします。

5 [ファイル－名前を付けて保存] を選択し、ファイルを保存します。

HINT ファイルの一部を抽出する

抽出したいページを選択して右クリックし、表示されるメニューから [ページの抽出] を選択します。すると、新しい画面に抽出したページだけが表示されるので、名前を付けて保存します。

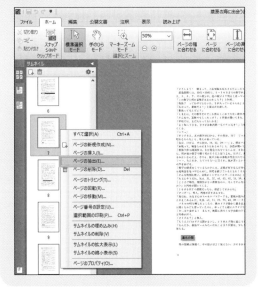

PDF文書内の文字列を検索したい

キーワードを入力するだけで簡単に検索することができます。検索を実行すると、該当する文字列がハイライト表示されます。さらに、フォルダーに格納されているすべてのPDFファイルを対象に検索することも可能です。

● 文字列を検索する

1 クリック

1 「JUST PDF 4 [編集]」を起動し、[ホーム] タブの [簡易検索] をクリックします。

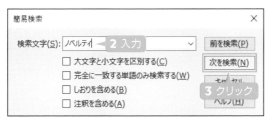

2 入力

3 クリック

2 [検索文字] に検索したい文字列を入力します。

3 [次を検索] をクリックします。

MEMO

大文字と小文字を区別したり、完全に一致する単語のみ検索したりしたい場合は、ダイアログボックスのそれらの項目のチェックをオンにします。

4 ハイライト表示

4 検索され、該当する文字列がハイライト表示されます。

MEMO

[前を検索] または [次を検索] をクリックすると、前や次の該当文字列を検索できます。

HINT 詳細を指定して検索する

[ホーム] タブの [検索] をクリックし、検索文字列を入力します。[検索場所] で、[指定したフォルダー以下にある PDF 文書] を選択し、検索したいフォルダーを指定して検索を実行します。検索結果に、該当するファイルのパスや該当個所が一覧表示されるので、クリックすると該当文字列が表示された状態でファイルが開きます。

ページの縦横の向きを変更して保存したい

ページの向きを90度単位で回転させることができます。受け取ったPDFファイルが横向きになっていたときや、縦向きにしかスキャンできないスキャナーでPDF化したファイルを横向きに変更したいときなどに便利です。

● ページを回転させる

1 「JUST PDF 4 [編集]」で向きを変更したいファイルを開いた状態で、 [サムネイル] をクリックしてサムネイルパネルを表示します。

2 サムネイルを右クリックし、メニューの [ページの回転] を選択します。

MEMO

[編集] タブの [回転] をクリックしてもOKです。

3 [回転角度] で [右へ90°] [左へ90°] [180°] のいずれかを選択します。

4 [回転するページ] で回転したいページを選択します。

5 OK をクリックします。

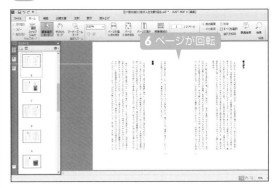

6 指定された回転角度に変更されるので、上書き保存するか、名前を付けて保存します。

HINT PDFを回転して表示する

[表示] タブで [左へ90°回転] または [右へ90°回転] をクリックすると、ページが選択した方向に90度回転して表示されます。これは、表示上のページの向きで、実際のファイルの向きは変更されません。

ファイルのサイズを小さくしたい

画像の圧縮方式の変更や、表示に不要な情報を削除して、PDFのファイルサイズを削減できます。メールに添付する、Web公開するなど、PDFファイルのサイズを軽くしたい場合に便利です。

● ファイルサイズを小さくする

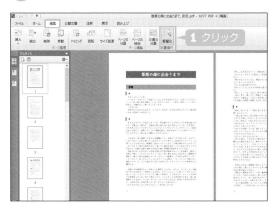

1 「JUST PDF 4[編集]」を起動し、[編集]タブの[軽量化]をクリックします。

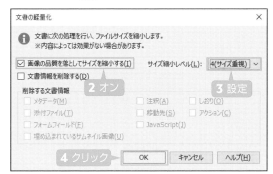

2 [画像の品質を落としてサイズを縮小する]のチェックがオンになっていることを確認します。

3 [サイズ縮小レベル]を設定します。数字が大きくなるほど軽くなります。

4 [OK]をクリックします。

> **MEMO**
>
> 文書情報を削除する場合は[文書情報を削除する]のチェックをオンにし、削除する情報を選びます。

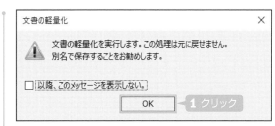

5 [文書の軽量化]ダイアログボックスが開くので、内容を確認して[はい]をクリックし、続けて[OK]をクリックします。

6 [名前を付けて保存]ダイアログボックスが開くので、別名で保存します。

7 オリジナルのファイルよりファイルサイズが小さくなったことが分かります。

188 ［編集］トリミング

ページの一部だけをトリミングして切り出したい

「JUST PDF 4 ［編集］」では、PDFファイルに対して、さまざまな加工を行えます。ページの一部を切り出し、それ以外の部分を削除することも可能です。必要な部分だけを切り出したいときや、余白をなくしたいときに便利です。

● ページの一部をトリミングする

1 「JUST PDF 4［編集］」を起動し、［編集］タブの ［トリミング］をクリックします。

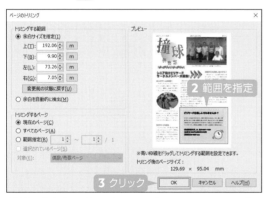

2 右側のプレビューの青い線をドラッグして、トリミングしたい範囲を指定します。

3 OK をクリックします。

MEMO

［トリミングする範囲］の数値を指定することで、トリミング範囲を正確に指定できます。［トリミングするページ］で指定すれば、複数ページの同じ場所をトリミングすることもできます。

4 トリミングされた状態の PDF が表示されます。

5 上書き保存しないように注意し、別名で保存します。

ページの一部分をコピーして別のファイルで利用したい

PDFのページ上で選択した範囲をコピーし、ほかのアプリケーションなどに画像として貼り付けて利用することができます。

● ページの一部をコピーする

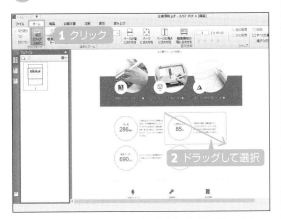

1 「JUST PDF 4 [編集]」を起動し、[ホーム]タブの [スナップショット]をクリックします。

2 コピーしたい部分をドラッグして選択します。

> **MEMO**
>
> 「選択した領域をコピーしました」というメッセージが表示された場合は、[OK]をクリックします。これで、選択した範囲が画像としてコピーされ、クリップボードに保存されます。

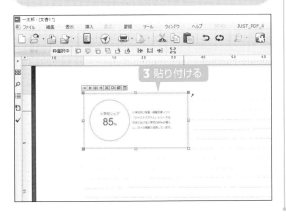

3 画像を貼り付けたいアプリケーションを起動し、貼り付けたい場所にカーソルを置き、Ctrl + V キーなどで貼り付けます。

> **MEMO**
>
> スナップショットを実行したあとに別の文字列などをコピーするとクリップボードが上書きされ、画像をコピーすることができません。実行後はすぐに貼り付けを行いましょう。

> **HINT 文字列のみをテキストとしてコピーする**
>
> スナップショットでは、指定した領域を画像として利用することができます。テキストの一部をコピーして利用したいときは [ホーム] タブの [標準選択モード] をクリックし、文字列をドラッグするとコピーできます。通常のコピー&ペーストの要領で別のアプリケーションに貼り付ければ再利用できます。

190 [編集]ページの移動／削除

ページを移動したり削除したりしたい

複数ページのPDFのページの位置を移動したり、不要なページを削除したりできます。一度に複数ページを選んで移動、削除することも可能です。

● ページを移動する

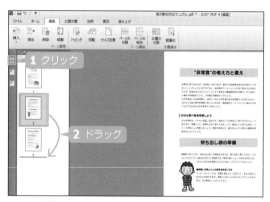

1 　[サムネイル]をクリックしてサムネイルを表示します。

2 　移動したいページのサムネイルを、移動したい位置にドラッグします。

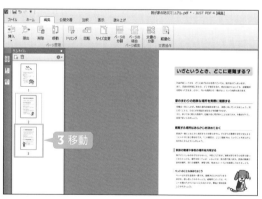

3 　ドロップすると、ページが移動します。ここでは2ページ目を最後のページに移動しました。

HINT 移動先を指定して移動する

ページ数が多く、移動先までのドラッグが大変なこともあります。そんなときは[編集]タブの　[移動]をクリックして[ページの移動]ダイアログボックスを開き、移動するページと移動先を指定して移動できます。

● ページを削除する

1 　削除したいページを選択して、Deleteキーを押します。

2 　確認のメッセージが表示されたら[はい]をクリックすると、ページが削除されます。

MEMO

[編集]タブの　[削除]をクリックして[ページの削除]ダイアログボックスで削除するページを範囲指定する方法もあります。

ページを分割したり結合したりしたい

　1ページのPDFを複数ページに分割したり、2ページのPDFを1ページに統合したりできます。2ページ分が1ページに割り付けられたものを2分割したり、2ページを統合して1ページに2ページ分のPDFを割り付けたりしたりすれば、思い通りに印刷することができて便利です。

● ページを分割する

1　「JUST PDF 4[編集]」を起動し、[編集]タブの [ページの分割]をクリックします。

2　[ページの分割] ダイアログボックスが開くので、[分割数] を指定します。ここでは、横向きの用紙に2ページ分割り付けられたものを分割するために横 [2]、縦 [1] と指定しています。

3　[分割するページ] を選択します。

4　[OK] をクリックします。

5　ページが左右に2分割されます。

● ページを結合する

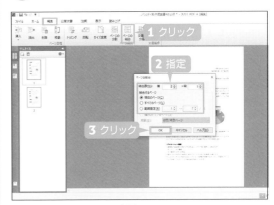

1　[編集]タブの [ページの結合]をクリックします。

2　[ページの結合] ダイアログボックスが開くので、ページの分割同様、[結合数] や [結合するページ] を指定します。

3　[OK] をクリックします。

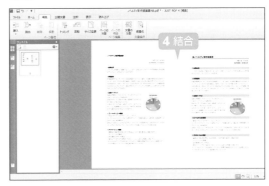

4　ページが結合されます。

注釈やすかしを挿入したい

PDFに注釈を付けることができます。取り消し線や丸囲み、コメントの挿入などができ、文書チェックに役立ちます。また、「見本」や「オリジナル」などのすかしや、「社外秘」や「取扱注意」といったスタンプを挿入することも可能です。

● 注釈を付ける

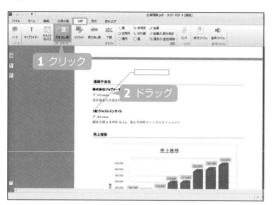

1 「JUST PDF 4[編集]」を起動し、[注釈]タブの [引き出し線]をクリックします。

2 コメントを付けたい位置からコメント入力する枠を表示したい位置までドラッグします。

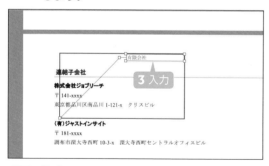

3 枠内にコメントを入力します。

MEMO

取り消し線や楕円なども同じような操作でPDF上に書き加えることができます。

● すかしを入れる

1 画面右端の [すかし]をクリックします。

2 すかしパレットが表示されるので、挿入したいすかしをダブルクリックします。

MEMO

画面右端の [スタンプ]をクリックすると、スタンプを挿入できます。

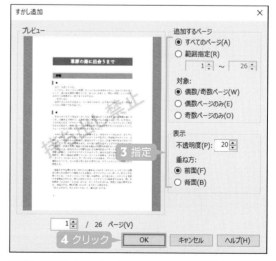

3 追加するページの範囲や不透明度、重ね方などを指定します。

4 OK をクリックすると、すかしが挿入されます。

パスワードを設定して文書を保護したい

PDFを開くときのパスワードを設定して文書を保護できます。機密文書などで活用できます。表示や印刷はできても編集は許可しない、表示のみで印刷も編集も許可しないなど、目的に応じた設定も行えます。

セキュリティを設定する

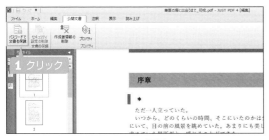

1. [公開文書] タブの [パスワードで文書を保護] をクリックします。

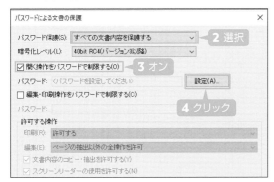

2. [パスワードによる文書の保護] ダイアログボックスが開くので、[パスワード保護] で [すべての文書内容を保護する] を選択します。

3. [開く操作をパスワードで制限する] のチェックをオンにします。

4. 設定 をクリックします。

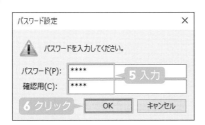

5. [パスワード設定] ダイアログボックスが開くので、パスワードを入力し、確認用に再度入力します。

6. OK をクリックします。

MEMO

パスワードを忘れると、PDF を開けなくなったり、制限を変更・解除できなくなったりします。忘れないように注意してください。

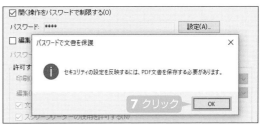

5. OK をクリックするとメッセージが表示されるので、OK をクリックします。ファイルを保存します。

セキュリティを設定した文書を開く

1. ファイルを開く操作を行うと、パスワードの入力が求められます。設定したパスワードを入力します。

2. OK をクリックするとファイルを開けます。

194 [編集]開き方

開いたときのページの表示や倍率を設定したい

「JUST PDF 4［作成］」と同様に、「JUST PDF 4［編集］」でも、PDFを開いたときの状態を設定できます。閲覧する際、等倍（100%）で見てほしい、見開きで表示させたいなど、目的に応じた設定、閲覧しやすい設定が可能です。

● PDFを開いたときの状態を設定する

1 ［公開文書］タブの ［プロパティ］をクリックします。

MEMO

メニューの［ファイル－プロパティ］を選択する方法もあります。

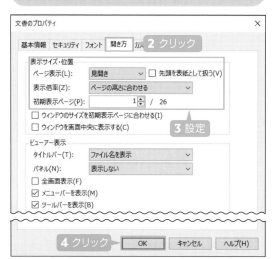

2 ［文書のプロパティ］ダイアログボックスが開くので、［開き方］タブに切り替えます。

3 ［ページ表示］や［表示倍率］などで、PDFを開いたときの状態を設定します。

4 OK をクリックし、ファイルを保存します。
➡ PDFを開いたときの状態について 211 ページへ

● 開き方を設定したPDFを開く

1 PDFを開きます。設定した状態で表示されます。

HINT さまざまな文書のプロパティを確認・設定できる

［文書のプロパティ］ダイアログボックスでは、開き方のほか、［基本情報］タブでタイトルや作成者の情報を確認・変更ができます。また、［セキュリティ］タブで文書にパスワードを設定することも可能です。

サムネイルのページ番号を変更したい

　画面左側のサムネイルには、先頭から順番に「1、2、3……」とページ番号が付けられています。先頭が表紙の場合など、2ページ目からページ番号を「1」にしたいときは、番号を付け直すことができます。アラビア数字以外の数字も設定できます。

● ページ番号を変更する

1 ⊞ [サムネイル] をクリックしてサムネイルを表示します。

2 ⚙▾ [メニュー] をクリックして、メニューから [ページ番号の設定] を選択します。

3 [ページ番号の設定] ダイアログボックスが開くので、[設定するページ] で [選択されているページ] が選択されていることを確認します。

4 [ページ番号スタイル] の[スタイル] で[付けない] を選択します。

5 OK をクリックします。

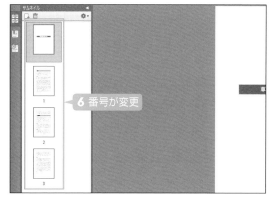

6 先頭にページ番号が付かなくなり、2ページ目からページ番号「1」がふり直されました。

🐢 HINT　任意のページ番号を設定する

長文のPDFを複数のファイルに分けているときなど、1ページ目から任意の番号を付けたいときは、[設定するページ] で [すべてのページ] を選択し、[開始番号] で番号を指定します。指定した番号から順番に番号が付けられます。

196 ［編集］しおり

しおりを設定してページをジャンプしたい

　PDFにしおり（ブックマーク）を設定でき、しおりをクリックすることで、ページを素早く移動できるようになります。小説や論文など、長文の文書では特に便利な機能です。しおりをクリックしたときの表示位置や表示倍率は、しおりを設定したときと同じ状態に設定されます。

● しおりを追加する

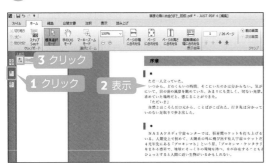

1 [しおり] をクリックしてしおりパネルを表示します。

2 しおりを設定するページを右側に表示します。表示倍率や表示位置も決めます。

3 [しおりをの新規作成] をクリックします。

4 しおりが追加されるので、名前を入力します。

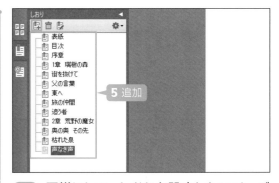

5 同様にして、しおりを設定したいページを表示し、[しおりをの新規作成] をクリックしてしおりを追加していきます。

6 しおりをクリックすると、クリックしたしおりの位置に移動します。

HINT　階層を設定する

文章の内容に合わせてしおりを階層化することができます。下の階層に入れたいしおりをドラッグすると、移動できます。

PDFに付いている注釈は入れずに印刷したい

PDFに付いている注釈やスタンプを印刷するかどうかを個々に選んで設定できます。A4 サイズの PDF を B5 サイズの用紙に縮小して印刷したり、全体の流れを確認するために複数のページを 1 枚の用紙にまとめて印刷したりといったこともできます。

印刷内容を設定して印刷する

1 メニューの［ファイル－印刷］を選択します。

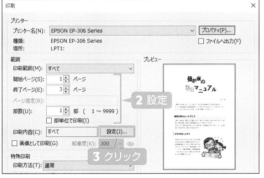

2 ［印刷］ダイアログボックスが開くので、印刷範囲や部数を設定します。

3 設定 をクリックします。

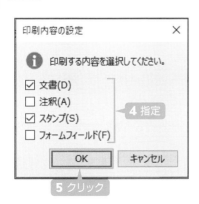

4 ［印刷内容の設定］ダイアログボックスが開くので、印刷する内容のチェックをオン、印刷しない内容のチェックをオフにします。

5 OK をクリックします。

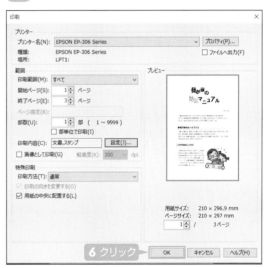

6 OK をクリックして印刷します。

MEMO

［印刷方法］で［拡大・縮小］を選択すると、異なる用紙サイズに収まるように印刷できます。[レイアウト]を選択すると、複数のページを 1 枚の用紙に印刷できます。

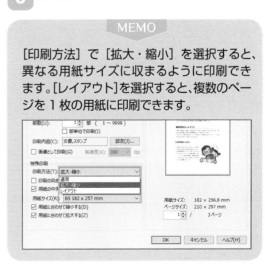

第**4**章 一太郎 2021 プラチナ ～その他ソフト編～

198 [データ変換]変換

PDFデータを一太郎やExcelファイルに変換したい

　PDFファイルを、一太郎や Word・Excel・PowerPointなどさまざまなアプリケーションのデータに変換できます。PDFデータの再利用・再編集に便利です。

●「JUST PDF 4 [データ変換]」を起動する

1 「JUST PDF 4 [データ変換]」を起動し、[追加] をクリックします。

2 変換したいファイルを指定して 開く をクリックします。

3 [変換形式] を指定します。

4 [出力先設定] で保存先を指定します。

5 [変換開始] をクリックします。

6 [出力ファイルを開く] をクリックします。

7 変換されたファイルが、[変換形式] で指定したアプリケーションで開きます。

複数ページの一部だけを変換したい

PDFファイルの形式を変換すれば、さまざまなアプリケーションでデータの編集が可能になります。しかし、複数ページのPDFのうち、一部のみ編集したいときに全ページのデータを変換すると時間がかかります。ページを指定することで、素早く変換できます。

ページを選択して変換する

1 [追加] をクリックして変換したいファイルを指定したら、[サムネイル] をクリックします。

2 ページのサムネイルが表示されます。変換しないページのチェックをクリックしてオフにします。

3 [変換開始] をクリックします。

➡ PDFデータを変換する方法は 226ページへ

4 [出力ファイルを開く] をクリックします。

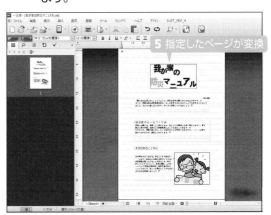

5 変換されたファイルが開きます。指定したページだけが変換されています。

第4章　一太郎2021 プラチナ　〜その他ソフト編〜

227

200 [データ変換]認識結果を編集

変換前に認識結果を確認・編集したい

　PDFデータの内容は、文字認識（OCR）エンジンによって解析され、変換されます。元のファイルの状態によっては、思いどおりの変換結果が得られない場合があります。変換前に、認識結果を確認して、必要に応じて編集することができます。

● 認識結果を確認・編集する

1 ［追加］をクリックして変換したいファイルを指定したら、メニューの［ファイル－詳細モードにする］を選択します。

2 ［認識結果の表示］をクリックします。文字認識が実行され、テキスト、表、画像の領域に分類され、右側に囲みが表示されるので、確認します。

3 編集する場合は、［結果編集］をクリックします。

> **MEMO**
>
> ［認識結果の表示］をクリックした状態の場合、データ変換するファイルを追加するタイミングで文字認識が実行されます。必要に応じてオン／オフを切り替えてください。

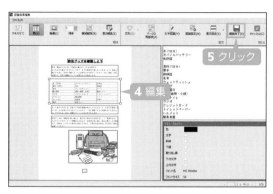

4 ［認識結果編集］画面が開くので、領域の枠を選択し、編集します。罫線は追加したり削除したりできます。

5 編集が終わったら、［編集終了］をクリックして画面を閉じます。

6 ［変換開始］をクリックして変換します。

画像を文書ファイルに変換したい

「JUST PDF 4［データ変換］」は、PDFファイルだけでなく、デジタルカメラで撮影した画像やスキャナで取り込んだ画像を文書ファイルに変換することができます。画像の中の文字を、編集可能な文字データに変換できるので、文書の再利用に活用できます。

画像を変換する

1. ［追加］をクリックして変換したい画像ファイルを追加したら、［変換形式］を指定します。

2. ［出力先設定］で保存先を指定します。

3. ［変換開始］をクリックします。

HINT 最初に変換形式を指定しておく

変換形式はファイルごとに設定できますが、多く利用する変換形式があれば、ファイルを追加する前に、画面下部の［変換形式］で指定しておくとよいでしょう。ここで指定した変換形式が選択された状態でファイルが追加されます。

4. ［出力ファイルを開く］をクリックします。

5. 画像データが指定した文書ファイルに変換されて、指定したアプリケーションで開きます。

HINT 画像補正を設定できる

［ファイル−認識設定］を選択すると開く［認識設定］ダイアログボックスで、画像の補正や文字を認識する場合の細かな設定を行えます。

202 話者の切り替え

好みの話者に切り替えたい

メニュー▶[アドイン−詠太] /

　音声読み上げソフト「詠太(えいた)」には、話者は日本語4人、英語1人が用意されており、「会話文」と「地の文」を別の話者で読み分けたり、日本語話者と英語話者を切り替えたりできます。詠太11では、柔らかく落ち着いた印象の日本語男性話者「TAKERU」が採用されています。

話者を切り替える

1 ツールバーの [詠太] をクリックして起動します。

2 設定パネルの話者選択の部分をクリックします。

3 別の話者を選択します。ここでは [TAKERU(日本語)]を選択しています。

> **MEMO**
> 読み上げ設定パネルが開いていない場合は、[読み上げ設定]をクリックします。

読み上げを開始する

1 [読み上げ開始] ボタンをクリックすると、カーソル位置の文章から読み上げを開始します。読み上げている範囲がハイライトで表示されます。

> **MEMO**
> [進む] をクリックすると、今読み上げているセンテンスの次のセンテンスに移動します。 [戻る] をクリックすると、読み上げ中の文章を最初から読み上げ直します。読み上げ開始後すぐ（2秒以内）の場合は、1つ前のセンテンスに移動します。 [先頭に戻る] をクリックすると、最初のセンテンスに戻ります。

読み上げを停止する

1 [停止] ボタンをクリックします。

「会話文」と「地の文」を読み分けたい

　一太郎で文書を読み上げるときに、「会話文」と「地の文」を違う話者で読み分けることができます。小説などの物語で、登場人物の台詞部分と語り手部分とのバランスやコントラストの確認に役立ちます。

●「会話文」と「地の文」を読み分ける

1 設定パネルの話者選択の部分をクリックして、「地の文」の話者を選択します。

2 [会話文を読み分ける]のチェックをオンにします。

3 会話文の話者を選択します。

4 [読み上げ開始]ボタンをクリックして読み上げを開始します。

MEMO

🕐 [読み上げ時間計測]をクリックすると読み上げた時間を計測できます。スピーチやプレゼンなど、時間の決まった原稿を読み上げるときの目安にできます。

🖐HINT 間を設定する

読点や句点、記号でとる間をそれぞれ5段階で設定できます。

設定パネルで[間の設定]をクリックします。

読点や句点、記号などをそれぞれ設定します。短め（0.1秒）、やや短め（0.3秒）、標準（0.8秒）、やや長め（1秒）、長め（1.5秒）の5段階から選択できます。

英文を読み分ける

「日本語文」と「英文」を読み分けたい

日本語文と英文に応じて、日本語話者と英語話者を自動的に切り替えることができます。英語話者は、ネイティブな発音で音読します。たとえば英語のスピーチ文を作成し、発音の参考にしたいときなどに英語話者の読み上げで確認できます。

● 「日本語文」と「英文」を読み分ける

1 設定パネルの［英文を読み分ける］のチェックをオンにします。

2 ［読み上げ開始］ボタンをクリックして読み上げを開始します。

3 日本語部分は「TAKERU」（設定している話者）が、英語部分は「JULIE」が読み上げます。

HINT 再生スピードを変更する

再生スピードのスライドバーを左側にドラッグすると遅く、右側にドラッグすると速くなります。英文の音読が速すぎて理解しづらい、などの場合は「遅く」に設定すると、ゆっくり読み上げてくれるので理解しやすくなります。

HINT 声のトーンを変更する

声のトーン（高低）を3段階で調整できます。同じ話者でもトーンを変えると、「明るい声」「落ち着いた声」というように、声の印象が変わります。聞き取りやすいトーンを選択できます。

一太郎の文書校正機能と連携したい

ツールパレット▶[校正]パレット

校正結果の指摘個所だけを順次読み上げたり、指摘個所を含む文章だけをピックアップして読み上げたりなど、効果的な校正作業を実現できます。ほかの作業も進行しながら、指摘個所を聞いて確認する、といったことが可能です。

指摘個所を読み上げる

1 一太郎の文書校正を実行します。校正が完了すると[校正]パレットに [指摘個所を含む文章を読み上げる] が表示されるので、右横の をクリックします。

2 [指摘個所を含む文章を読み上げる] を選択します。

3 [指摘個所を含む文章を読み上げる] をクリックします。

4 カーソル位置から文書末に向かって、文書校正で指摘があった文章のみを順次読み上げます。

その他の設定

・文書を読み上げ
詠太の [読み上げ開始] ボタンをクリックしたときと同じ動作です。

・指摘個所と理由を読み上げ
指摘個所の文字列と指摘理由だけを順次読み上げていきます。同時に指摘個所にカーソルが移動し、ツールパレットの表示内容が切り替わります。

・指摘個所の切り替え時に自動で読み上げ
設定がオンの場合は、ツールパレットに表示している指摘内容が変更されたときに、指摘理由を読み上げます。

MEMO

[指摘個所を含む文章を読み上げる] は、文書校正を実行していない状態では表示されていません。

固有名詞などの単語を登録したい

　固有名詞や専門用語の多い文章の場合などは、辞書へ単語を登録することでスムーズな読み上げが可能になります。発音はカタカナと「^」「/」が使用可能です。「^」はアクセントを付ける文字（強く発音する音）の後ろに、「/」は合成語などの単語と単語の境界に挿入します。

● 辞書作成ツールに 単語を登録する

1 設定パネルの 辞書作成ツール をクリックします。

2 ［詠太ユーザー辞書作成ツール］ダイアログボックスが開くので、 追加 をクリックします。

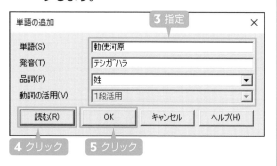

3 ［単語の追加］ダイアログボックスが開くので、単語と発音を入力し、品詞を指定します。

4 読む をクリックして発音を確認します。

5 OK をクリックします。

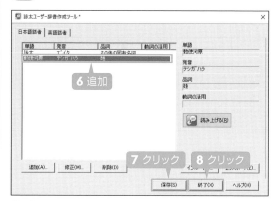

6 入力した単語が追加されます。

7 保存 をクリックして辞書に保存します。

8 終了 をクリックしてダイアログボックスを閉じます。

MEMO

複数の単語を登録する場合は、続けて 追加 をクリックして入力します。日本語話者だけでなく、英語話者の単語登録も可能です。

HINT CSVファイルから 一括で登録する

辞書のデータを CSV ファイルにリスト化している場合は、ファイルを読み込んで一括して登録することができます。 インポート をクリックして、読み込む CSV ファイルを指定します。

207 どこでも詠太

クリップボードの文字を自動で読み上げたい

文字列がコピーされ、クリップボードに積み込まれたときに、自動でその文字列を読み上げる機能が「どこでも詠太」です。タスクバーの通知領域に表示される常駐型アプリケーションで、一太郎以外でも、コピーするだけで詠太の読み上げ機能を利用できます。

コピーされた文章を読み上げる

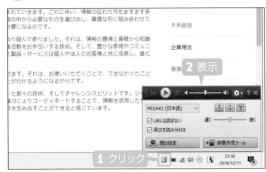

1 タスクバーの通知領域の [どこでも詠太] をクリックします。

2 操作パネルが表示されます。

MEMO

アイコンがグレーから水色になれば利用可能です。アイコンが表示されていない場合は、∧ をクリックすれば現れます。

3 Web やそのほかのソフトから文字をコピーします。

4 読み上げが開始されます。

HINT 単独で「詠太」を利用するには

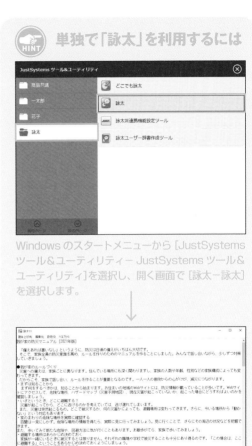

Windows のスタートメニューから [JustSystems ツール＆ユーティリティー JustSystems ツール＆ユーティリティ]を選択し、開く画面で [詠太－詠太]を選択します。

↓

詠太が起動するので、画面に文字を入力するかコピーして貼り付けるかすると、詠太を単独で利用できます。

208 ファイルを開く

Excelファイルを読み込みたい

「一太郎 2021 プラチナ」に搭載されている「JUST Calc 4 /R.2」(以下、JUST Calc 4) は、Excelと高い互換性を持った表計算ソフトです。Excelファイルを、通常のファイルを開く操作で開くことができます。

● Excelファイルを開く

1 [ファイル－開く] を選択します。

2 開きたいファイルを選択します。

3 開く をクリックします。

MEMO

読み込めるファイル形式は、Microsoft Excel (2019 ～ 2003)、CSV、TXT、DBF です。保存は、PDF 形式にも対応しています。

4 Excel ファイルが開きます。

HINT xls形式のファイルを xlsx形式に変換する

[ファイル－情報－変換]を選択し、表示されたメッセージで OK をクリックすると、xlsx形式に変換されます。xls 形式のファイルを xlsx 形式に変換すると、JUST Calc 4の機能がすべて利用できるようになります。

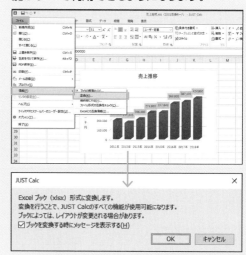

ブックを最適化したい

シートやブックなどのセルスタイル、条件付き書式、図形、セル書式の4項目を最適化することで、ファイルサイズやメモリ使用量の肥大化、速度劣化を防ぐことができます。JUST Calc 4 の独自機能です。

● ブックを最適化する

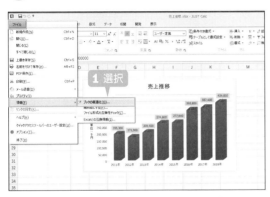

1 ［ファイル－情報－ブックの最適化］を選択します。

2 ［ブックの最適化］ダイアログボックスが開くので、すべて検査 をクリックします。

MEMO

個別に最適化したい場合は、それぞれの項目の右横にある 検査 をクリックします。表示されるダイアログボックスで結果を確認します。

MEMO

最適化したデータは元に戻すことができないので、元データを保存したあとに実行し、別名で保存することをおすすめします。［ファイル－名前を付けて保存］で保存できます。

HINT　編集中のファイルを最終版にする

［ファイル－情報－最終版にする］を選択して編集中のブックを最終版として保存し、不要な変更がされることを防ぎます。最終版として保存されたブックは、入力や編集ができなくなり、読み取り専用となります。また、上書き保存することもできません。

最終版の設定は、ブックにセキュリティを設定する機能ではありません。最終版の設定を解除することで、いつでも入力・編集・上書き保存が可能になります。

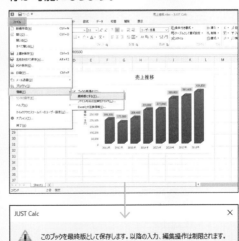

210 図表の挿入

図表を挿入したい

JUST Calc 4 では、概念図や組織図など、いろいろな種類の図表を簡単に体裁よく作成することができます。図表の図形に入れる文字は、テキストウィンドウでまとめて入力できます。また、図形の数も自由に増減できます。

● 図表を挿入する

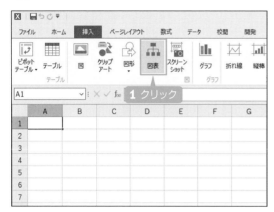

1 [挿入] タブの [図表] をクリックします。

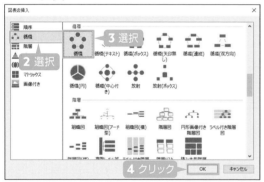

2 図表の種類を選択します。

3 挿入したい図表を選択します。

4 OK をクリックします。

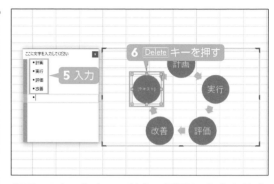

5 テキストウィンドウで図形に文字を入力します。

6 削除したい図形がある場合は、クリックして選択してから Delete キーを押します。

MEMO

テキストウィンドウが表示されていない場合は、[図表－デザイン] タブの [テキストウィンドウ] をクリックするか、図表の上で右クリックして表示されるメニューから [テキストウィンドウの表示] を選択します。

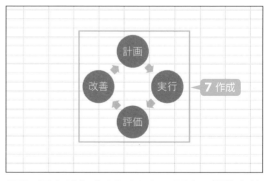

7 図表が作成されました。図表の編集を終える場合は、図表以外のセルをクリックします。

211 フィル

連続データや同じデータを入力したい

「1、2、3……」、「月、火、水……」、「1月、2月、3月……」などの連続したデータを入力したり、同じデータを複数のセルにコピーしたりしたいときは、フィルの機能を使うと便利です。ドラッグ操作で簡単にデータを入力できます。

● 連続データを入力する

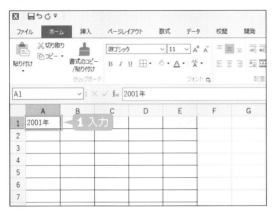

1 最初のデータを入力します。

2 データを入力したセルを選択し、セルの右下にマウスポインターを合わせます。

> **MEMO**
>
> セルの右下にマウスポインターを合わせると、ポインターの形状が十字に変わります。

3 入力したい方向にドラッグします。

> **MEMO**
>
> 連続データではなく、同じデータを複数のセルにコピーしたい場合は、Ctrl キーを押しながらドラッグします。

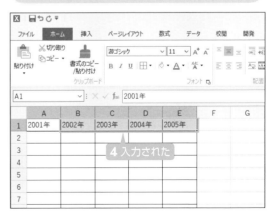

4 連続データが入力されました。

212 並べ替え

昇順や降順でデータを並べ替えたい

特定の行や列を基準にして、数の大きい順／少ない順、文字列の文字コード順などでデータを並べ替えることができます。基準となる行や列は複数設定できるほか、オリジナルの順序で並べ替えることもできます。

● データを並べ替える

1 データを並べ替えたい表内の、いずれかのセルを選択します。

2 ［ホーム］タブの [並べ替え ▼] ［並べ替え］をクリックします。

3 メニューの［ユーザー設定の並べ替え］を選択します。

MEMO

基準となる行や列が１つの場合は、［昇順］または［降順］を選択すれば、すぐに並べ替えを実行できます。

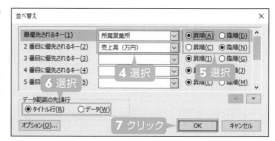

4 並べ替えの基準にしたい列や行を選択します。

5 ［昇順］または［降順］を選択します。

6 先頭行の扱いを選択します。表の先頭行がタイトルの場合は［タイトル行］、すべてデータの場合は［データ］を選択します。

7 OK をクリックします。

	A	B	C	D	E
1	店舗別来店者数				
2	担当者名	所属営業所	売上高（万円）		
3	中島航太	池袋	647		
4	千葉流星	池袋	596		
5	長澤美結	池袋	584		
6	川口鎮	池袋	458		
7	松山莉緒	大手町	601		
8	木下有希	大手町	425		
9	小松櫂斗	大手町	333		
10	本宮奈那子	渋谷	233		
11	丸山凜	渋谷	103		
12	赤坂陽菜	新宿	754		
13	坂口侑樹	新宿	526		
14	渡邉悠翔	新宿	258		
15					

8 例では先頭行をタイトルとし、表内のデータが並べ替えられました。

条件に該当するセルを目立たせたい

設定した条件に該当するセルに、フォントの色やセルの塗りつぶしなどの書式を自動で設定することができます。セルの値の比較のほか、任意の数式なども条件として設定することが設定できます。

条件付き書式を設定する

1 条件付き書式を設定するセル範囲を選択します。

1 選択

2 クリック

3 選択

2 ［ホーム］タブの[条件付き書式▼]［条件付き書式］をクリックします。

3 ［新しいルール］を選択します。

MEMO

[条件付き書式▼]［条件付き書式］をクリックすると表示されるメニューの中から、条件を選択することもできます。

5 指定

4 選択

6 クリック

4 ［条件の種類］を選択します。

5 条件を指定します。

6 OK をクリックします。

MEMO

設定 をクリックすると、フォントの色やセルの塗りつぶしなどの書式を変更することができます。

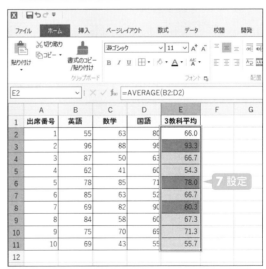

7 設定

7 条件付き書式が設定され、条件に該当するセルが、指定した書式で表示されます。

214 関数の挿入

関数を使いたい

　Excelとほとんど同じ操作で関数を入力することができます。種類も、Excelで使われる主要なものを網羅しています。ウィザードを使った検索・挿入や、関数のヘルプも充実しており、操作に戸惑うことはありません。

● 関数を挿入する

1 関数を挿入したいセルを選択します。

2 $f_{(x)}$ ［関数の挿入］をクリックします。

3 ［関数の挿入］ダイアログボックスが開くので、検索するか、分類から選ぶか、関数名が分かる場合は、直接関数名を選択します。

4 OK をクリックします。

> **MEMO**
>
> 関数を選択すると、右横に説明が表示されます。［この関数のヘルプ］をクリックすると、さらに詳しい内容を確認できます。

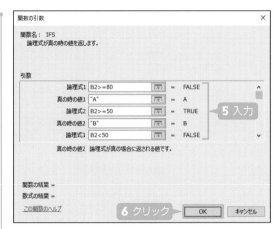

5 ［関数の引数］ダイアログボックスが開きます。引数を入力します。

6 OK をクリックします。

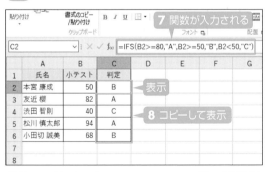

7 関数が入力され、セルに関数の計算結果が表示されます。

8 セルの右下をドラッグして関数をコピーすると、結果が表示されます。

> **MEMO**
>
> Excel 2019 で新しく追加された IFS や SWITCH などにも対応しています。

印刷結果をプレビューで確認しながら印刷したい

JUST Calc 4 では、印刷結果のイメージをプレビューで確認しながら、用紙の向きや拡大縮小率などの印刷設定を行うことができます。目的の印刷結果になるかどうかプレビューで確認してから印刷を実行することで、印刷の失敗を防げます。

● プレビューで確認しながら 印刷する

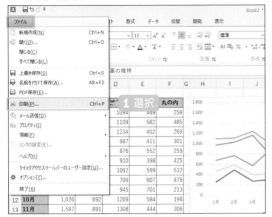

1 [ファイルー印刷] を選択します。

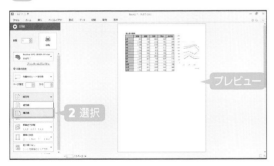

2 用紙の向きを横方向に変更したいときは、[縦方向] をクリックして [横方向] を選択します。

> **MEMO**
>
> 設定を変更するたびに、印刷結果がプレビューに反映されます。

3 シートの内容を1ページに収めて印刷したいときは、[拡大縮小なし] をクリックして [シートを1ページに印刷] を選択します。

4 目的の印刷結果になっているかどうかプレビューで確認します。

5 [印刷] をクリックします。

216 グラフの挿入／グラフスタイル

グラフを作成し、スタイルを変更したい

グラフの作成やスタイルの変更も、Excelと同様に実行できます。グラフスタイルにも対応。あらかじめ用意されているグラフスタイルを一覧から選ぶだけで、変更できます。

● グラフを作成する

1 グラフにしたいデータの範囲を指定します。

2 ［挿入］タブの [グラフ]［グラフ］をクリックします。

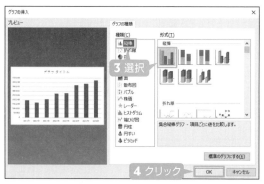

3 ［グラフの種類］シートで、作成するグラフの種類と形式を選択します。

4 OK をクリックすると、グラフが挿入されます。

● グラフスタイルを設定する

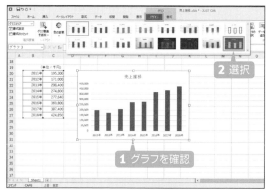

1 挿入されたグラフを確認します。

2 ［グラフ］の［デザイン］タブの［グラフスタイル］で、設定したいグラフスタイルを一覧から選択します。

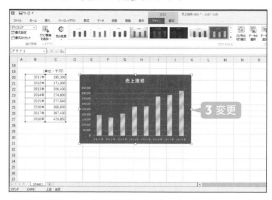

3 グラフスタイルが変更されます。

MEMO

グラフの色を変更したい場合は [色の変更]をクリックして色のセットを選択します。

クイックアクセスツールバーによく使う機能を追加したい

クイックアクセスツールバーに新しくコマンドを割り付けたり、コマンドの並び順を変更したりできます。利用頻度の高い機能を追加すると、メニューからたどらなくてよくなり、時短できます。

● クイックアクセスツールバーに機能を追加する

1 [ファイル－クイックアクセスツールバーのユーザー設定] を選択します。

2 [分類] の右端の ∨ をクリックして、クイックアクセスツールバーに追加したいコマンドの分類を選択します。ここでは [[ファイル] タブ] を選択しています。

3 [コマンド] で、クイックアクセスツールバーに追加したいコマンドを選択します。ここでは [印刷プレビューと印刷] を選択しています。

4 追加 をクリックします。

5 OK をクリックします。

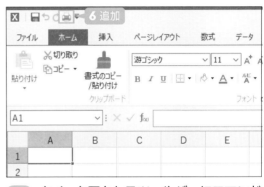

6 クイックアクセスツールバーにコマンドが追加されます。

HINT 並び順を変更する

コマンドの表示順を入れ替えたい場合は、[クイックアクセスツールバーのユーザー設定] ダイアログボックスでコマンドを選択して ▲ や ▼ をクリックします。

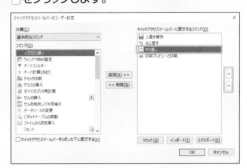

218 ファイルを開く

PowerPointファイルを読み込みたい

「JUST Focus 4 /R.2」（以下、JUST Focus 4）は、PowerPointと高い互換性を持ったプレゼンテーションソフトです。PowerPointファイルを、通常のファイルを開く操作で開くことができます。

● PowerPointファイルを開く

1 ［ファイル－開く］を選択します。

2 開きたいファイルを選択します。

3 開く をクリックします。

4 PowerPoint ファイルが開きます。

MEMO

読み込めるファイル形式は、Microsoft PowerPoint（2019 ～ 2007）です。保存は、Microsoft PowerPoint（2019 ～ 2007）、PDF、GIF、JPEG、PNG、TIFF、BMP、WMF、EMF 形式に対応しています。なお、PPT 形式には対応していません。

HINT **PowerPointとの互換性を確認する**

PowerPoint で作成したプレゼンテーションファイルを編集する際、メニューの ［ファイル－情報－ PowerPoint との互換情報］を選択すると、ダイアログボックスが開いて、サポートしていない情報が含まれていないかを確認できます。

プレゼンテーションを新しく作成したい

プレゼンテーションを新しく作成する方法を説明します。印刷することを前提に、A4横置きにし、デザインを設定してスライドのフォーマットを作成してみましょう。

A4横のスライドを新規作成する

1 ［ファイル－新規作成］を選択します。

MEMO

プレゼンテーションが新しく開かれ、プレゼンテーションを作成できる状態になります。

2 ［デザイン］タブの [ページ設定] をクリックします。

3 ［スライドサイズ］で[A4 210×297mm]を選択します。

4 ［印刷の向き］の[スライド]で[横]を選択します。

5 OK をクリックします。

テーマを設定する

1 ［デザイン］タブのテーマ一覧から設定したいテーマを選択します。

新しいスライドを追加する

1 ［ホーム］タブの [新しいスライド]の下部をクリックします。

2 一覧から追加したいレイアウトを選択すると、現在のスライドの次に選択したレイアウトのスライドが追加されます。

220 グラフの挿入

グラフを挿入したい

　スライドにはグラフを挿入できます。グラフを挿入すると自動的に JUST Calc 4 が起動し、グラフのデータを編集できます。

● グラフを挿入する

1 前ページと同じ要領で新しいスライド[タイトルとコンテンツ]を挿入し、コンテンツ内の ▊▊ [グラフの挿入]をクリックします。

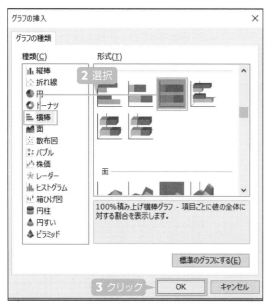

2 [グラフの挿入]ダイアログボックスが開くので、[種類]と[形式]を選択します。

3 OK をクリックします。

4 JUST Calc 4 が起動するので、グラフのデータを編集します。編集したら、JUST Calc 4 を終了します。

MEMO

あらかじめ用意している表をコピーしても構いません。

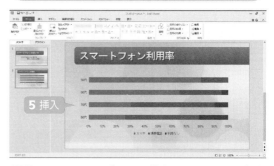

5 スライドにグラフが挿入されます。大きさなどを調整します。

MEMO

編集が終了したら、JUST Calc 4 を終了します。再度編集したい場合は、グラフを右クリックして開くメニューから[データの編集]を選択します。すると JUST Calc 4 が起動し、編集できます。

図表を挿入したい

図表機能を利用すると、概念図や組織図など、いろいろな種類の図表を簡単に体裁よく作成することができます。PowerPointの「SmartArt」に似た機能です。

● 図表を挿入する

1 新しいスライド［タイトルとコンテンツ］を挿入し、コンテンツ内の ⊞ ［図表の挿入］をクリックします。

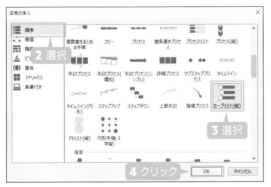

2 画面の左で分類を選択します。

3 右の一覧から、挿入したい図表を選択します。

4 ［OK］をクリックします。

> **MEMO**
>
> 分類を選択しなくても、右の一覧をスクロールしていくと、すべての分類の図表を確認できます。

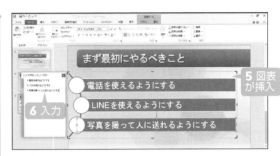

5 選択した図表がスライドに挿入されます。

6 テキストウィンドウをクリックして図表に文字を入力していきます。

> **MEMO**
>
> テキストウィンドウが表示されていない場合は、図表の上で右クリックして表示されるメニューから［テキストウィンドウの表示］を選択します。

⊞ HINT 図表の図形を追加する

新しく図形を追加したい場所の近くにある図形をクリックして選択します。［図表ツール］の［デザイン］タブの［図形の追加］の右端にある をクリックして表示される一覧から、図形を追加する場所を選択します。テキストウィンドウで Enter キーを押して、図形を追加する方法もあります。

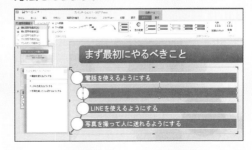

222 アニメーション

アニメーション効果を設定したい

　スライドに挿入されている文字や図、図形などのオブジェクトにアニメーション効果を設定できます。アニメーション効果の速度や開始のタイミングを設定でき、効果的なプレゼンを演出できます。

● アニメーション効果を設定する

1 画面左側のスライドの一覧で、アニメーション効果を設定したいスライドをクリックして選択します。選択したスライドが編集画面に表示されます。

2 アニメーション効果を設定したいオブジェクトをクリックして選択します。

3 ［アニメーション］タブの［アニメーション］の一覧から、設定したいアニメーション効果をクリックして選択します。

4 選択したアニメーション効果がオブジェクトに適用され、すぐにその効果をプレビューできます。

MEMO

必要に応じて［効果のオプション］をクリックして、効果の詳細を設定します。

（HINT）選択したスライドに設定されたアニメーション効果を再生して確認する

効果を確認したいスライドを画面に表示し、［アニメーション］タブの ［プレビュー］の絵の部分をクリックします。選択したスライドに設定されているアニメーション効果が順番に再生されます。すべてのスライドの効果を確認したい場合は、［スライドショー］タブの ［最初から］をクリックしてスライドショーを実行します。

選択したスライドのアニメーション効果が順番に再生されます。

すべてのスライドが再生され、アニメーション効果を確認できます。

223 画面切り替え

画面切り替え効果を設定したい

次のスライドに切り替えるときの、画面切り替えの効果を設定できます。同じ効果をすべての スライドに一気に設定することや、スライドごとに異なる効果を設定することもできます。また、 切り替えのタイミングの設定なども可能です。

● 画面切り替えの効果を設定する

1 画面左側のスライドの一覧で、画面切り 替え効果を設定したいスライドをクリッ クして選択します。

2 [画面切り替え] タブの画面切り替え効 果の一覧から、設定したい効果をクリッ クして選択します。選択すると、効果が プレビュー表示され、確認できます。

3 効果を選択すると、 [効果のオプショ ン] をクリックできるようになります。 必要に応じて設定します。

> MEMO
>
> [効果のオプション] をクリックして設 定できる内容は、選択している画面切り替 え効果によって変わります。

4 [すべてに適用] をクリックすると、すべ てのスライドに同じ画面切り替え効果を 設定できます。

➡ 設定したスライドの効果を確認する方法は 250 ページ（HINT）へ

HINT 切り替えのタイミングを 設定する

任意のタイミングでスライドを切り替えたいと きは、[画面切り替え] タブの [マウスクリック 時] のチェックをオンにします。デモのように、 自動でページを切り替えたい場合は [自動的 に切り替え] のチェックをオンにし、切り替える 時間を設定します。

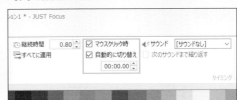

索引

一太郎2021

英数字

PDF形式で保存……………………13
PDF・電子書籍
（アウトプットナビ）……………27
PDF文書を開く……………………14
POP文字………………………………56
QRコード………………………………44
Webページのデータを
引用として貼り付ける………29
Word形式で保存……………………13
Word文書を開く……………………14

あ行

アウトプットナビ…………………27
一太郎Pad…………………15,16,17
一太郎のヘルプ……………………113
一太郎のマニュアル……………114
イメージ編集………………………36
印刷……………………………………26
印刷イメージ………………………36
インデント……………………………77
引用として貼り付け………28,29
ウィンドウの表示切り替え……111
絵や写真の挿入……………………51
オーダーメイド……………………106
オプション……………………………109

か行

改行幅…………………………………78
重ね文字………………………………47
個条書き………………………………68
カスタマイズ………………………109
画像から変換して開く……………14
画像のデータサイズを縮小……53
括弧（罫線）…………………………87
角の丸い四角形（罫線）…………88
画面タイプの確認………………115
簡易作図………………………………60
環境を元に戻すツール…………116
漢字基準（文書校正）……………95
感太……………………………………108
きまるスタイル……………………25
きまるフレーム……………………58
脚注……………………………………46
行間罫線………………………………88
行取り…………………………………78
均等割付………………………………70
計算……………………………………91
形式を選択して貼り付け………30
罫線セル属性………………………90
罫線表…………………………84,85
検索……………………………………32
個人情報をチェック………………20

さ行

作業フェーズ………………………40

索引設定／索引作成………………103
左右に並べて表示………………110
左右分割……………………………112
シートの追加…………………………21
シートンの名前・タブ色変更…22
写真フィルター……………………52
写真を挿入（感太）………………108
写真をまとめてレイアウト……54
斜線（罫線）…………………………86
ジャンプ………………………………34
ジャンプパレットを閉じる・
開く／表示・非表示………………43
出典……………………………………45
上下に並べて表示………………110
上下分割……………………………112
図形……………………………………60
スタイルセット……………………80
スペルチェック……………………97
全角・半角変換……………………75
全画面表示……………………………39

た行

他形式の保存／開く…………13,14
縦中横…………………………………76
段組……………………………………79
単語登録……………………………102
段落スタイル………………………80
置換……………………………………33
直線（罫線）…………………………83
通常罫線………………………………88

ツールバーのカスタマイズ……42
ツールパレットを閉じる・
開く／表示・非表示…………41
テキスト補正…………………98
添 削 ………………100,101
テンプレートを開く…………18
ドキュメント検査……………20
都道府県名のチェック
（文書校正）…………………94
ドラフト編集…………………36
ドロップキャップ……………69

な行・は行

名前を付けて保存……………12
ハイライト表示………………37
バックアップ…………………19
ビジネス文をチェック
（文書校正）…………………92
表記ゆれ（文書校正）…………96
表作成…………………………89
表示倍率………………………38
ファイルから貼り付け………31
ファイルを開く………………10
フォント………………………66
ブックマーク…………………50
ふりがな…………………71,72
ふりがなの書式………………74
文書校正………92,93,94,95,96
文書スタイル…………………23
文節改行………………………35

ページスタイル………………82
ベース位置……………………67
ヘッダー・フッター…………24
ヘルプ…………………………113
編集画面タイプ………………36

ま行

前株・後株のチェック
（文書校正）…………………93
マニュアル……………………114
見開き表示……………………39
メモを作成（一太郎Pad）……16
メモを送信（一太郎Pad）……17
目次設定／目次作成／
目次ギャラリー………………104
文字飾り………………………66
モジグラフィ…………………57
文字コードを選択して開く……11
文字サイズ……………………65
文字数…………………………99
文字揃え………………………77

ら行・わ行

レイアウト枠…………………64
連番……………………………48
枠の上下変更…………………62

ATOK

英数字

3桁区切り……………………133
ATOK辞書ツール……………148
MS-IME 設定…………………146

あ行

挨拶文例集……………………135
英数変換………………………122
英文レター文例集……………132
お気に入り文書………………129
オン／オフを切り替え………118

か行

顔文字…………………………145
学術記号………………………138
確定アンドゥ…………………120
カタカナ語英語辞書…………131
カタカナ変換…………………122
漢字絞り込み変換……………125
漢数字…………………………133
慣用句の誤用（校正支援）……140
校正支援………………………140
候補ウィンドウ拡大表示……136
候補デザイン切替……………137

さ行

再変換…………………………121

人名優先 ··················· 126
推測候補 ···················· 123,133
先頭文字並べ替え ········ 139

た行

単語登録 ··················· 128
地名の指摘 ················ 141
地名優先 ··················· 126
町名住所変換辞書 ········· 144
定型文を登録 ·············· 129
手書き文字入力 ··········· 130
特殊記号 ··················· 138

な行・は行

入力 ························· 119
話し言葉 ··················· 127
日付をキーワードから入力··· 134
表現モード−話し言葉 ······ 127
複合語変換 ················ 126
変換モード−複合語変換 ····· 126

ま行・や行・ら行

見逃し指摘ビューア ········ 142
文字パレット ·············· 138
郵便番号辞書 ·············· 143
読みの分からない漢字 ······ 130
ら抜き表現(校正支援) ····· 140
リフレッシュナビ ········· 147
連想変換 ··················· 124

花子2021

英数字

POP文字 ··················· 185
QRコード ·················· 187

あ行

アウトライン化 ··········· 186
アレイ図 ··················· 168
位置合せ ··················· 171
色 ··························· 157
印刷 ························· 200

か行

回転 ························· 156,169
影 ··························· 164
画像・イメージデータを開く··· 192
カラースキーマ ··········· 160
カラースタイルパレット ···· 178
クイックスタイルパレット··· 160
グラデーション塗り ········ 159
グループ化 ················ 173
合成 ························· 173

さ行

サムネイル ················ 194
写真の挿入 ················ 192
数学図記号 ················ 189
数値コマンド入力 ········· 154

た行

図形加工 ··················· 170
図形上下 ··················· 172
図形挿入 ··················· 152
図形の選択 ················ 174
図形の属性 ················ 157
図形描画 ··················· 153
図面切替パレット ········· 197
図面スタイル設定 ········· 150
寸法線 ····················· 188
線種 ························· 157
選択 ························· 174
選択部品の縮尺で呼出 ······ 176
線のラフ化 ················ 167

た行

他形式の保存 ·············· 198
段組 ························· 181
置換 ························· 166
テクスチャ塗り ··········· 161
ドロップシャドウ ········· 164

な行・は行

名前を付けて保存 ········· 198
背景ページ ················ 195
パターン塗り ·············· 158
バラエティ用紙 ··········· 190
反転 ························· 163
表示倍率 ··················· 151
フォントパレット ········· 178
部品 ························· 175

ふりがな……………………………182
プレーン……………………………196
ベタ塗り……………………………158
ぼかし………………………………165
ボックス掛／ボックス囲……155
本のカバー・帯
（バラエティ用紙）………………190

ま行・や行・ら行

ミラー………………………………163
モジグラフィ………………………184
文字付き図形………………………183
文字入力……………………………177
横組文字枠作成……………………180
領域で塗りつぶす…………………162

新明解国語辞典／新明解類語辞典

ATOKイミクル……………………205
辞書引きツールパレット……206
電子辞典検索…………202,204
類語検索……………………………207

JUST PDF 4［作成・編集・データ変換］

[作成]PDF作成………………208
[作成]すかし……………………209
[作成]セキュリティ設定………210
[作成]開き方……………………211

[編集]印刷………………………225
[編集]軽量化……………………215
[編集]検索………………………213
[編集]しおり……………………224
[編集]すかし……………………220
[編集]スナップショット………217
[編集]注釈………………………220
[編集]トリミング………………216
[編集]パスワードで
文書を保護………………………221
[編集]開き方……………………222
[編集]ページの移動／
ページの削除……………………218
[編集]ページの回転……………214
[編集]ページの挿入……………212
[編集]ページの分割／
ページの結合……………………219
[編集]ページ番号の設定……223
[データ変換]
一部のページを変換……………227
[データ変換]画像変換…………229
[データ変換]
認識結果を編集…………………228
[データ変換]変換………………226

詠太 11

英文を読み分ける………………232
会話文を読み分ける………231
辞書作成ツール…………………234

指摘個所を含む
文章を読み上げ…………………233
どこでも詠太……………………235
話者の切り替え…………………230

JUST Calc 4 /R.2

印刷…………………………………243
関数の挿入………………………242
クイックアクセスツールバーの
ユーザー設定……………………245
グラフスタイル…………………244
グラフの挿入……………………244
条件付き書式……………………241
図表の挿入………………………238
並べ替え…………………………240
ファイルを開く…………………236
フィル……………………………239
ブックの最適化…………………237
連続データ………………………239

JUST Focus 4 /R.2

アニメーション…………………250
画面切り替え……………………251
グラフの挿入……………………248
新規作成…………………………247
図表の挿入………………………249
ファイルを開く…………………246

井上健語（いのうえ けんご／テクニカルライター）

フリーランスのテクニカルライター。オールアバウトの「Wordの使い方」「パソコンソフト」のガイドも担当。ビジネス＋IT（SBクリエイティブ）等での企業取材、広告記事も手がける。近著は『誰でもできる！ LINE WORKS導入ガイド』（日経BP社）など。
個人サイト：http://www.makoto3.net/
Facebook：https://www.facebook.com/inouekengo

内藤由美（ないとう ゆみ／フリーライター）

ジャストシステムを退社後、IT関連のライター・編集者として活動。ソフトウエアの解説本、パソコンやスマートフォンの活用記事などを執筆。日経BP社のムックや書籍の編集も担当。趣味が高じてビリヤード雑誌でも執筆中。

中野久美子（なかの くみこ／テクニカルライター・編集者・インストラクター）

「わかりやすく伝える」をモットーにソフトウエアの解説本などの執筆・編集に携わる。パソコンインストラクターとしても活動し、書籍やセミナーなどを通じ、パソコンの楽しさを発信中。

柳田留美（やなぎだ るみ／テクニカルライター）

ソフトウエアの解説書をはじめ、IT系、エンターテインメント系の記事の執筆・編集に携わる。Webコンテンツやメールマガジンの企画・制作分野でも活動中。

●「一太郎2021」「一太郎2021 プラチナ」の操作に関するご質問は、株式会社ジャストシステム　サポートセンターにお問い合わせください。

●その他、本書で紹介したハードウエア・ソフトウエア・システム本体に関するご質問は、各メーカー・開発元の担当部署にお問い合わせください。

●本書の内容に基づく運用結果について、弊社は責任を負いません。ご了承ください。

●万一、乱丁・落丁本などの不良がございましたら、お手数ですが株式会社ジャムハウスまでご返送ください。送料は弊社負担でお取り替えいたします。

●本書の内容に関する感想、お問い合わせは、下記のメールアドレスあるいはFAX番号あてにお願いいたします。電話によるお問い合わせには、応じかねます。

メールアドレス◆mail@jam-house.co.jp　FAX番号◆03-6277-0581

●可能な限り、最新の情報を収録するように努めておりますが、商品のお買い上げの時期によって、同一書籍にも多少の違いが生じるケースがあります。また、これは本書の刊行時期以降の改変などについて保証するものではございません。ご了承ください。

まるごと活用！ 一太郎2021 ［リファレンス編］
2021年2月5日　初版第1刷発行

著者　　井上健語＋内藤由美＋中野久美子＋柳田留美
発行人　池田利夫
発行所　株式会社ジャムハウス
　　　　〒170-0004　東京都豊島区北大塚2-3-12
　　　　ライオンズマンション大塚角萬302号室
カバー・
本文デザイン　船田久美子
印刷・製本　株式会社厚徳社
ISBN978-4-906768-86-8
定価はカバーに明記してあります。

© 2021　Kengo Inoue, Yumi Naito,
Kumiko Nakano, Rumi Yanagida
JamHouse
Printed in Japan